잎새 뜨기

잎새 뜨기

조이섭 다섯 번째 수필집

작가의 말

나는 전업 수필가이다.

예술가가 따로 직업을 갖지 않고 해당 분야에 매진할 때 전업專業이라는 말을 앞에 둔다. 예컨대, 전업 화가, 전업 소설가 하는 식으로.

그리 본다면, 퇴직한 백수에다 수필에 매달려 하루를 보내는 나도 전업을 붙이지 못할 이유가 없다 싶었다. 동인들 모임에서 전업 수필가라고 선언한 지 벌써 몇 년이 지났다.

전업 수필가로 사는 동안 글을 사흘 안 쓴 적은 있지만, 그 사흘이 지나도록 책을 읽지 않은 날은 없다. 단 하루도 수필을 생각하지 않은 날은 없었을 만큼 거기 빠져 살았다. 그럼에도 문학이란 무엇인가? 나는 왜 쓰는가? 하는 근원적인 문제에 자신있게 대답하지 못한다.

이미 내놓았던 3집, 4집을 단수필短隨筆로 엮다 보니, 뒷자리에 밀려 있던 작품 중에 수필 전문지나 동인지에 발표했던 것들을 이번에 추려 모았다. 묶어 놓고 보니 자연의 아름다움을 노래하거나, 세상의 이치를 궁구한 작품이 거의 없다. 소소한 일상 속의 사람 사는 이야기, 인생 타령뿐이다. 그나마 부족한 점이 곳곳에 눈에 띄지만, 그 또한 나의 발자취라 싶어 오탈자 외에는 거의 수정하지 않았다. 전업 수필가라 외고 다니더니 해가 가도 나아진 게 없다는 질책을 들을까 두렵다.

乙巳年 초여름, 계산동 隨筆軒에서
松絃 조이섭

차례

작가의 말

제1부
속굿을 말하다

13 속굿을 말하다
17 표리검
22 무릎 담요
25 질량불변의 법칙
28 종합병동
35 꽃밭에는 꽃들이
40 말굽자석
45 하루치 손익계산서
50 휴지줍는 사회
53 낯섦의 끝
60 파울볼
65 이불 세 채

제2부

잎새 뜨기

잎새 뜨기	75
거미발	80
몽돌이 부르는 노래	85
갑질 공화국	90
이매의 반란	93
내살 세 근 반	99
성엣장	104
대보름 카페라떼	109
지부상소持斧上疏	112
삼부자 회동會同	117
그것도 모르나	123
마두금을 위하여	125

제3부
꽃잎과 나뭇잎의 환環

135 　꽃잎과 나뭇잎의 환環
140 　꼴값
145 　복기復棋
149 　고, 苦를 풀다
156 　미곡 소분기米穀 小分記
161 　땅따먹기
166 　아름다운 2등
171 　내 자리
173 　연필과 나
179 　초점
184 　그나마 다행
187 　비눗방울에 갇힌 남자

제4부
그 밖의 사람들

그 밖의 사람들 195
줄지 않는 감자탕 200
입장마 203
문門 207
가까이 보면 211
늙는 데 보태준 것 있나 214
연지회상蓮池會上 220
처음처럼 225
나도 팔짱을 끼고 싶다 230
눈물 둑 234
신륵사의 거북이 239
이소離巢와 귀소歸巢 242

조이섭의 *Aphorism*

■ 글이 곧 마음

누가 글을 끄적이고 있는데 가까이 가서 볼라치면, 십중팔구는 얼른 손으로 가리거나 필기장을 덮어 버린다. 마음을 들키기 싫어서다.

■ 치유

가슴에 뚫린 구멍의 크기는 치유 능력과 비례한다.
가슴에 큰 구멍을 간직한 사람이 다른 사람의 작은 구멍을 메울 수 있다.

제1부

속굿을 말하다

쌍둥이는 여태껏 가나다라 속굿을 그리는 데 푹 빠져 있다. 거센 풍랑을 헤쳐 나갈 조각배의 단단한 노櫓 하나를 다듬는 중이다. 그것을 보는 마음이 귀엽고 사랑스러운 것을 뛰어넘어 감개感慨가 무량無量하다. 우리 부모님께서도 내가 처음 연필을 잡았을 때 마음이 이러하지 않았으랴.

- 속굿을 말하다
- 표리검
- 무릎 담요
- 질량불변의 법칙
- 종합병동
- 꽃밭에는 꽃들이
- 말굽자석
- 하루치 손익계산서
- 휴지줍는 사회
- 낯섦의 끝
- 파울볼
- 이불 세 채

속긋을 말하다

　다섯 살배기 쌍둥이 손녀가 네모난 칸 하나에 한 자씩 글자를 그려 넣고 있다. 한 손을 쫙 펴서 공책 가장자리를 누르고, 다른 손으로 색연필을 엉성드뭇하게 부여잡고 음영으로 난 길을 따라 지렁이가 기어가듯이 메꾸어 나간다. 포도알 같은 까만 눈동자는 연필심에 붙박여 놓고, 입을 동그랗게 오므린 모양이 제 딴에는 세상 심각하다. 녀석들의 마음과 정성과 달리 괴발개발 그린 글씨는 도무지 뭐라고 썼는지 가늠조차 안 된다.

　글씨나 그림 따위를 처음 배우는 이에게, 그 위에 덮어쓰거나 그리며 익히도록 가늘고 흐리게 그어주는 선이나 획을 속긋이라 하는데, 아이들이 글자를 처음 배울 때 매우 유용하다. 속긋을 따라 그리다 보면 이윽고 그것 없이도 제대로 된 모양을 갖추게 된다.

아이들의 공책 첫 줄에는 본보기가 될 만한 글씨를 진하게 써 두었고, 그 아래 세 줄은 속긋을 그어 놓았다. 열 줄 모두 속긋을 그어주어도 모자랄 판에, 다섯 살배기 아이에게는 가혹한 처사이다. 그래도 아이들은 뭐가 그리 재미가 있는지 한 칸을 메울 때마다 고개를 들고 칭찬해 주기를 기다린다. "에구 예쁘게 잘 썼네, 천재 났다 천재 났어." 하면 입을 헤~ 벌리고 다음 속긋에 연필을 갖다 댄다. 아이들이 공책에 코를 박고 있는 모양을 보노라니, 때아닌 번갯불이 번쩍 스쳐 지나간다.

내가 걸어온 길을 스스로 헤아리고 갈무리한 줄만 알고 우쭐거렸더니 그게 아니다. 인생의 갈래 갈래마다 들이댔던 기준조차 스스로 터득한 지식이나 지혜에 의해서가 아니라 아버지가 그려준 속긋, 당신이 보여준 삶의 태도 덕분이었다. 수저질 같은 사소한 것부터 저절로 알아낸 것이 하나도 없다. 배움의 과정에서 만났던 선생님들의 가르침 하나하나도 헌신과 봉사로 그어 놓은 속긋에 다름아니었다. 그것은 기본에서 출발하여 완성에 이르게 하는 이정표요 나침반이었다. 햇볕이 없으면 따스함이 없듯이 부모와 스승이 사랑과 정으로 손잡아 이끌어 주지 않았다면 나의 생명은 존재하지 못했을 것이 자명하다.

쌍둥이가 속긋으로 모방하는 단계를 지나면 혼자서 빈칸을 메우듯이. 옛사람들은 고전에 기대어 삶의 지혜를 배우고, 사물의 이치를 궁구했다. 하지만 아무리 좋은 내용이 담긴 책이라도 방향만 희미하게 가리킬 뿐, 소화하고 숙성시키는 것은 각자의 몫이다. 속긋 없는 공책의 빈칸처럼 인생의 속긋을 여축없이 그려내려면 남다른 노력과 인내가 필요하다. 그렇게 본다면, 책은 인생살이의 속긋이라 할 만하다.

석봉 한호는 불을 끄고 어머니와 떡 썰기로 불립문자 대결을 하였거니와, 추사 김정희는 벼루 열 개를 밑창 내고 붓 천 자루를 몽당붓으로 만들었다. 다산 정약용도 복사뼈에 구멍이 세 번 날 정도로 앉아서 책을 읽었다고 하지 않던가. 그들은 어렵사리 터득한 옛것 위에 홀로 우뚝 섰다. 석봉은 한석봉체를, 추사는 추사체를 창조했다. 다산도 수많은 저서로 실학이라는 새 지평을 열었다.

그들은 그렇게 힘들게 속긋을 따라 그렸고, 다음 단계로 그린 흔적을 지움으로써 마침내 삶을 숙성시키고 인생을 완성해 내었다. 이른바 법고창신法古創新*이다. 속긋을 그리는 과정인 '반성'에서 출발하여 속긋을 지워내는 '지움'으로 이어지고, 지워낸 성과를 또 다른 시작점으로 삼아 스스로 일가一家를 세웠다. 그 법고창신의 원천源泉은 속긋을 긋는 일, 부족하거나 잘못된 것을 고쳐 나아지려는 노력으로 점철된 경험일 것이다.

이제 디지털 시대가 도래했다. 일상에서 경험할 기회보다 AI나 SNS에 의지하여 쌓은 얕은 간접 경험이 많아지다 보니, 하늘을 바라보는 머리와 눈은 커지고, 굳건한 땅을 디디고 서서 몸을 지탱할 두 다리는 가늘어졌다. 온라인 밖에서도 인생의 본本이 사라지고, 이끌어 주는 속긋을 찾아보기 힘들어졌다. 아버지가 아들에게, 선임직원이 신입사원에게, 선생님이 제자에게 손 내밀어 속긋 노릇하던 시절은 흘러간 옛노래가 되고 말았다.

남 말할 때가 아니다. 법고창신은 침착함과 인내를 요구한다. 모두 내가 갖지 못한 덕목들이다. 욕망의 속박에서 벗어나야 온전한 삶을 살 수 있고, 제대로 된 글은 틀에 박힌 사유의 끈을 풀어 버려야 쓸 수가 있다. 마음은 저만치 앞서 가지만, 아직도 설익은 밥을 짓고 있다.

쌍둥이는 여태껏 가나다라 속긋을 그리는 데 푹 빠져 있다. 거센 풍랑을 헤쳐 나갈 조각배의 단단한 노櫓 하나를 다듬는 중이다. 그것을 보는 마음이 귀엽고 사랑스러운 것을 뛰어넘어 감개感慨가 무량無量하다. 우리 부모님께서도 내가 처음 연필을 잡았을 때 마음이 이러하지 않았으랴.

허무하게 흘려 버린 시간의 모래알들이 내 손아귀에서 속절없이 흘러내리고 있다. 모든 실패는 성공을 향한 속긋이라 자위하며 팔짱만 끼고 있을 때가 아니다. 이제라도 그럴싸한 속긋 한 줄 골라내어 따라 그리고 싶다. 하, 시간이 별로 없다.

*法古創新 : 옛것을 본받아 새로운 것을 창조한다.

― 『대구의 수필』 2024. 제20호

표리검

　명절 끝에 친구를 만났다. 나이 든 남자끼리 만나 술이 한잔 들어가면 항용 그렇듯 '라떼는' 향연이 이어진다. 어릴 적 고생했던 이야기야 이미 재탕 삼탕까지 우려먹은 사이인지라, 친구가 한참 뜸을 들인 끝에 한마디 툭 던진다.
　어릴 적에 큰 누님이 무슨 말끝에 "너는 20살 전에 감옥에 갈 놈이다."라고 한 말을 평생 가슴에 새기고 산다고 했다. 얼핏 악담이나 저주처럼 들리는 그 말이 가슴에 못으로 박혀서가 아니었다. 동생의 황소고집과 대쪽 같은 성격을 염려하는 누님의 고언을 특효약이라 여기고 곱씹은 덕분에 지금껏 큰 잘못 없이 살았는데, 정작 당신은 그런 말을 한 줄도 까맣게 모르더라면서 웃었다. 나도 친구처럼 여태 가슴에 새기고 사는 게 하나 있다고 말을 받았다.

나는 공업학교를 졸업하고 섬유공장에 취직했다. 몇 년이 지난 후에 야간대학이라도 응시하려고 학생부를 떼어보고 깜짝 놀랐다. 담임 선생님의 의견란에 '표리가 있다'라고 적혀 있었다. 표리가 있다는 말은 겉과 속이 다르다는 말, 바로 표리부동表裏不同이 아니던가.

나는 학창 시절에 성적이나 무엇으로든 두각을 나타내지는 못했지만, 티 나게 말썽을 부리거나 사고를 치지도 않았다. 문제아는 더더욱 아니었다. 그저 그렇고 그런, 있어도 그만 없어도 그만인 평범한 학생에게 '표리가 있다'라는 붉은 낙인을 찍은 선생님의 뜻을 도무지 알 수 없었다. 나를 불러 면담 한 번 하지 않았고, 호된 꾸중을 들은 기억도 없었기에 더욱 의아하게 여겼다. 설령 표리가 있는 행동을 했더라도, 학생부에 기록하는 것으로 그칠 게 아니라, 매를 들어서라도 올바로 길로 나아가도록 다그쳤어야 했다는 생각을 지울 수가 없었다.

처음에는 분한 마음에 앞뒤 살피지 않고 선생님을 욕하고 원망하다가, 나 스스로 그렇게 볼 빌미를 제공하지나 않았을까 곰곰이 되짚어보았다. 입학하면서 특별활동으로 가입한 밴드부에는 당시만 해도 문제 학생들이 많았었다. 연습실은 항상 담배 연기가 가득했고, 힘깨나 쓰는 아이들이 들락거리는 바람에 밴드부는 문제아들의 소굴이라는 선입견이 없지 않았다. 그렇게 도매금으로 넘어간 내가 도덕 운운하는 전국 연합동아리에서 활동하는 것을 표리부동한 행동으로 본 것인가? 아니면? 온갖 상상과 짐작으로 머리가 빠개질 지경이었다.

나는 어릴 때부터 혼자 멍때리며 생각하고 공상하기 좋아했다. 나만의 오롯한 가공의 세계를 만들어 거기에 빠져들었다. 어찌 보면, 요즘 아이들이 만화나 게임에 몰두하는 것과 비슷했다. 그런 속마음이 밖으로 드러나거나 들킬세라 부러 있는 척 강한 척한 적은 없었을까. 가난한 집안 환경이 부끄러웠고, 그래서 억눌러야 했던 희망, 현실성이 없어 시도해 보지도 못하는 좌절로 얼룩졌던 숱한 내부 갈등을 선생님께 간파당한 것이 아닐까. 그러다 재학시절에 있었던 일화가 떠올랐다.

모교 근처 초등학교가 개교하는 날, 밴드부가 지원을 나갔다. 우리는 팡파르와 축하곡을 연주하기로 되어 있었다. 단상에서 기관장들의 축사와 교장 선생님의 말씀이 이어졌다. 줄지어 서 있는 아이들 앞에는 담임 선생님들이 도열해 있었다. 말씀들이 길어지자, 반듯하던 아이들 줄이 꼬물거리기 시작했다. 선생님의 눈치를 힐끔힐끔 봐가며 뒤돌아보거나 짝꿍과 장난쳤다. 뒤에서 흐트러진 줄은 잔물결처럼 앞으로 번져 나왔다. 아이들은 그게 안 보이는 줄 알고 그러는 것이겠지만, 앞에 서 있는 우리 눈에는 녀석들의 움직임이 훤하게 다 보였다.

마찬가지로, 담임 선생님의 눈에는 나의 안과 밖, 나의 결함과 그것을 극복하지 못하는 무기력함까지 가감 없이 보였을 것이다. 겉으로는 말썽을 부리지 않는 조용한 학생이었으나, 철부지가 꿈꾸는 공상과 망상까지 훤하게 꿰뚫어 보았는지도 모를 일이었다. 선생님께서 제자인 나에게 무슨 억하심정이 있어서 '표리가 있다.'라고 쓰지는 않았을 터이다. 나는 조회 시간에 선생님의 눈을 피해 장난치는 철부지였고, 삼장법사의 손바닥에서 노는 손오공이었다고 치부하고 말았다.

다만, 그때부터 선생님을 향한 원망을 접고 '표리부동' 네 글자만 가슴 깊이 각인해 두기로 마음먹었다. 표리부동이 가진 사전적 의미, '마음이 음흉하여 겉과 속이 다른' 이중인격자가 되지 않으려고 노력했다. 그 덕분에 나의 이익만을 위해 좌충우돌하지 않았고 천둥벌거숭이처럼 살지 않을 수 있었다.

사람은 누구나 마음속에, 이른바 좌우명이라 할 수 있는 죽비 하나씩 품고 살아간다. 퇴계 이황은 그것을 경敬, 남명 조식은 의義라고 했다. 특히, 남명은 제자들에게 敬과 義를 새긴 경의검을 나누어 주어 항상 그 뜻을 새기도록 일깨웠다.

나는 남명 선생님의 경의검 대신 표表와 리裏 두 글자가 새겨진 마음의 검, 표리검表裏劍을 가슴 깊숙한 데 감춰두고 살았다. 그게 말처럼 쉬운 일은 아니었다. 감추면 감출수록 튀어나오는 이기利己의 낭중지추囊中之錐를 온전하게 감추기에는 나의 그릇이 보잘것없었다. 심지어 친구나 가족에게 송곳을 들이댄 적도 한두 번이 아니었으나 그때마다 표리검을 매만지며 후회하고 반성하며 자신을 다독였다.

  인생의 황혼기에 접어드니, 일부러 애쓰지 않아도 숨기고 감출 일이 점점 줄어든다. 겉과 속이 같아진다는 말이다. 무언지 모를 두려움도 앞산의 잔설처럼 녹아내린다. 아직도 두 가지 색깔의 표리가 가슴 속에서 꿈틀대거나 요동치지만, 이제는 그도 그뿐이라 여기며 산다.

  긴 이야기를 듣는 동안 자작自酌하던 친구는 내 앞에 놓인 빈 잔에 술을 가득 따르더니 건배를 청한다. 평생토록 表와 裏 두 글자를 새긴 표리검을 가슴 한구석에 품고 살게 해주신 선생님의 얼굴이 떠오른다. 마주 앉은 친구도 큰 누님을 마음에 그리는지 두 사람은 한동안 말이 없다.

-『문학 秀』 2023. 7/8월호

무릎 담요

　시내에 따로 마련한 공부방에 들어서니 찬 기운이 엄습한다. 전기장판 스위치를 올리면 바닥이야 금방 따뜻해지지만, 밤새 냉골이었던 방 공기까지 데우려면 시간이 제법 걸린다. 이것저것 이리저리 정돈하고 앉은뱅이책상 앞에 앉는다.
　아랫도리가 서늘하다. 올겨울 처음 입고 다니는 누빔 바지도 웃풍이 센 한옥에서는 별 소용이 없다. 곁에 있는 담요를 끌어당겨 덮는다. 인정하기 싫지만, 나도 무릎 담요가 필요한 나이가 되었다.
　무릎이 따뜻해질라치면, 조금 전까지 아무렇지도 않던 두 발이 시려 온다. 무릎과 발이 같은 온도일 때는 괜찮았다가 상대적으로 차갑게 느껴져서 그럴 것이다. 무릎 담요를 당겨 어깨까지 덮으면 발이 시리고, 발을 덮으면 어깨에 선듯한 기운이 얹

한다. 그러고 보니, 몸도 부위별로 평등을 요구하는가 보다.

발과 어깨는 조그만 담요 조각을 저 혼자 덮으려고 같은 몸이면서 남보다 더 심하게 다툰다. 발은 무릎을 구부려야 걸을 수 있고, 어깨를 흔들어야 균형을 잡고 넘어지지 않는다. 서로 다독거리며 살 궁리하기는커녕 발은 어깨가 없어졌으면 하고, 어깨는 발이 사라졌으면 한다. 발이든 어깨든 둘 중 하나가 없어지면 결국 그 본체인 몸이 죽고 만다. 이러한 사실을 엄연히 잘 알고 있으면서도 다툼을 그치지 않는다.

한 몸인 무릎, 발과 어깨도 이런데 하물며 사람들이 평등을 요구하는 것은 너무나 당연하다. 세상의 모든 갈등은 이 간단한 일, 무릎 담요를 고르게 펴지 못해 일어난다. 국민의 시린 데를 다독거리겠다고 나서는 자는 이 점을 명심하지 않으면 또 다른 불만을 일으키는 실마리를 제공하게 될 것이다.

담요는 크거나 작아도 나름대로 쓸모가 따로 있다. 큰 것은 큰 대로 유용하고, 무릎 담요는 말 그대로 무릎을 가리는 데 알맞은 크기다. 사람도 마찬가지다. 사람마다 능력이 다르고, 쓸모가 다르다. 제 능력을 적재적소에서 마음껏 발휘하다 보면, 자신의 한계를 넘어 높은 경지까지 이르게 된다. 프랑스 교육자이자 계몽사상가인 장 자크 루소도 그의 저서 『에밀』을 통해 말하기를, 인간이 태어날 때부터 갖고 있는 자연 그대로인 본성을 해치지 않고 성장할 수 있도록 올바르게 가르치는 것이 교육이라고 했다.

그런데도 부모 마음은 그렇지 않다. 눈을 겨우 뜬 갓난아기에게 한글이나 알파벳 모빌을 들이댄다. 자녀의 소질이나 개성은 나 몰라라 하면서 덮어놓고 큰 담요로 만들려고 한다. 자연을 닮은 온전한 인간으로 키우기보다 오로지 공부 잘하는 아이를 만들려고 기를 쓴다. 그러자니 어른도 힘들고 아이도 힘들다. 오죽하면 초등학교 정문 앞에 1학년 학부모들을 대상으로 의대반을 모집한다는 현수막까지 등장할까.

어리석음은 어리석은 줄 모르는 자들이 저지르는 것이니 빠져나올 기미가 좀처럼 보이지 않는다. 설사 어리석음을 알고 있다고 하더라도 바꿀 용기가 없어 분란이 끊임없이 이어진다. 정치, 경제가 그렇고 교육이 그렇다. 돈이면 이웃은 고사하고 부모 형제도 나 몰라라 한다. 조각보만 한 무릎 담요가 안분지족하고, 서로 배려하며 살아야 한다고 아무리 가르치고 달래도 소용이 없다.

— 제주일보 〈금요수필〉 2024. 4. 11.

질량불변의 법칙

가끔 남의 글을 봐 줄 때가 있다. 습작품이 잘됐는지, 어떤지 봐 달라고 해서다. 본인의 글에 자신이 없으니 부끄러움을 무릅쓰고 부탁하는 거다. 수필에 처음 입문한 사람일수록 글이 서툰 것은 당연하다. 난들 아는 게 짧으니 난감하지만, 십 년 전에 처음 수필 교실 문을 두드렸을 때 받았던 도움을 생각하고 용기를 낸다.

아니나 다를까, 원고를 받고 보니 괴발개발이 따로 없다. 얼개 없이 시작했으니 뼈대가 없고, 문장은 문장대로 제멋에 겨워 춤을 춘다. 두 손에 쥔 2B 연필과 지우개가 숨 가쁘도록 윤문(글을 다듬고 고침)한다. 얼마 못 가 무뎌진 연필심을 다시 깎아 세운다. 글 보는 눈에 호롱불 심지를 한껏 돋운다. 문장을 다듬고, 다듬은 이유를 메모한다. 문단과 문장의 위치를 이리저리 자리바꿈하고, 중언부언하는 말을 들어내고, 부족한 부분은 덧붙일 내용을 귀띔해 둔다.

한번 만에 고칠 수 있으면, 얼마나 좋으랴. 고쳤던 것 또 고치고, 다시 다듬다 보면 끝이 없다. 글에 빠져 이리저리 헤엄치다 보면, 나도 그만 글의 머리와 꼬리를 놓쳐버려 헤매기도 한다. 조금 부풀려 말하자면, A4 용지 두 장 윤문에 하루해가 저문다. 그래도 끝이 없는 일이 어디 있으랴. 정제된 설탕 같은 인쇄물 두 장을 들고 만세 삼창을 외친다. 흘린 땀의 양만큼, 글이 좋아진다.

전투를 치른 책상 바닥이 지우개 똥으로 우북수북하다. 한군데 모아보니 거의 한주먹이다. 지우개 두 귀퉁이가 표나게 줄어들었다. 촛불이 제 몸을 살라 빛을 내듯이, 지우개는 제 몸을 갈아내어 잘못된 글을 지우고 또 지웠다. 연필도 제 몸을 깎아 글과 어깨동무하느라 기진맥진해서 널브러졌다. 온전하던 지우개가 문드러지고, 연필이 제 살을 깎아가며 제 할 일을 다 한 덕분에 그런대로 다듬기를 마쳤다.

세상에 질량불변의 법칙이라는 게 있다. 물질이 화학 반응으로 다른 물질로 변화하여도 반응 이전 물질의 모든 질량과 반응 이후 물질의 모든 질량은 변하지 않고 항상 일정하다는 법칙이다. 1774년에 라부아지에(Lavoisier, A. L.)가 발견하였으며, 근대 과학의 기초가 되었다.*

질량 불변의 법칙은 글 밭에도 당연히 적용된다. A와 B라는 물질이 반응하여 C와 D라는 결과물이 나올 때, 질량은 전후에 변함이 없다 하더라도 결과물은 반응 전보다 가치가 높아져야 함은 물론이다. 지우개는 작아지고 연필은 짧아졌다. 그 잔해는 비록 쓰레기통으로 사라졌지만, 그것들의 무게를 합하면 처음과 똑같다. 그러나 그것들의 희생으로 말미암아 습작품이 제법 온전한 작품으로 탈바꿈했다. 내 땀과 시간을 버무려 윤문한 과정과 글이, 새로 글 밭에 발을 들여놓은 문우들에게 이정표가 되었으면 하는 마음 간절하다. 내가 십 년 전에 그랬던 것처럼.
　　자기 몸을 희생하고 훌륭한 업적을 남기는 게 비단 연필과 지우개뿐이랴. 제 한 몸 사리지 않고 희생하고도 아무런 보답을 바라지 않으신 우리의 어머니 한 분 한 분의 살은 우리의 몸이 되었고, 당신들의 엉긴 피는 자식들의 혈관 속에서 힘차게 뛰고 있다. 어머니는 날마다 지우개 똥만큼 가벼워졌고, 우리는 그만큼 무거워졌다. 하늘보다 귀한 뼈와 살까지 오롯이 이어받고도 그분들보다 더 깨끗하고, 더 맑고, 더 나은 삶을 가꾸지 못하는 것이 마냥 부끄럽다.
　　문우들의 글처럼 내 삶도 어디서 윤문을 받고 싶다.

＊ 다음 백과사전에서 인용

　　　　　　　　　　　　　　－『한국에세이포럼』 2024. 제7호

종합병동

　보름 사이, 천당과 지옥 사이를 하릴없이 알짱거렸다.
　"나는 정말이지, 투석만은 받지 않으려고 했는데……."
　아내가 의자를 끌어당겨 털썩 앉으면서 힘없이 말을 내뱉었다. 얼굴이 사색인 데다 어깨마저 축 늘어진 모양이 말이 아니다. 늘 다니던 동네 의원에 다녀오는 걸음인데 거기서 뭔가 나쁜 소견을 들었나 보다. 무슨 일인지 눈으로 물었다. 지난번에 한 혈액 검사 결과가 나왔는데, 신장과 관련된 수치들이 터무니없이 나빠졌다고 한다. 이런 추세로 가면 곧 신장 투석을 시작해야 한다는 의사의 말을 불퉁스레 전한다.
　아내 말이 사실이라면, 아닌 게 아니라 큰 문제다. 신장 기능이라는 게 한 번 망가지면 회복이 안 된다고 한다. 약물 치료도 더 나빠지지 않도록 하거나 악화하는 속도를 늦추는 게 고작이다. 투석이나 신장을 이식하는 방법이 있다고는 하지만, 투석은 과정이 고통스럽고 신장 이식 성공률도 만족스럽지 못하다고 하니 말이다. 내가 알고 지내는 분은 서너 시간씩 걸리는 투석을 일주일에 두세 번씩 하는데, 투석 후에는 하루를 꼬박 쉬어야 할 만큼 힘들다고 한다. 게다가 가리는 음식은 당뇨 환자 저리 가라고 할 만큼 많은 걸로 알고 있다.

아내는 왜 자기한테 이런 결과가 나오느냐고 허허탄식하다 말고 벌떡 일어나 내 종합건강검진표를 꺼내 와서 자기 수치와 비교한다. 마침 나의 신장 수치는 모두 정상이다. 검진표를 내 앞으로 툭 밀어내면서 눈을 흘긴다.

"당신은 다 정상인데, 나는 왜 이렇노?"

아니, 남편이 정상이면 그나마 다행이라 생각해야지, 같이 나빠야 직성이 풀린단 말인가. 난들 그리 건강하지 않다. 대사증후군 5형제를 두루 갖고 있으면서 아침마다 약을 한 움큼씩 먹는 형편이다.

아무튼 동네 조그만 의원에서 한 검사에 일희일비할 게 아니라, 종합병원에 가서 정밀검사를 받아보자고 달랬다. 아내는 안방으로 들어가 몸져누웠다. 나는 휑한 거실 소파에 앉아 TV를 켰으나 소리는 들리는 둥 마는 둥, 화면은 저 혼자 끔벅거렸다.

아내가 하필이면 자기한테 이런 일이 닥치느냐고 한탄하는 것도 짜장 터무니없는 말은 아니다. 아내의 건강에 관한 관심은 타의 추종을 불허한다. 먼저, 우리 집은 가족 모임이 아니면 외식을 거의 하지 않는다. 요즘 흔한 음식 배달도 시키지 않고 집밥을 고수한다.

집밥마저 예사롭지 않다. 하루 필요한 영양소를 일일이 계산해서 식탁에 올린다. 탄수화물, 단백질 균형을 맞추고 지방을 멀리하다 보니 조리할 때 고기에 붙은 기름은 낱낱이 제거한다. 식용유에 튀기는 요리는 아예 없다. 반찬은 대부분 채식으로 차린다. 채소 색깔마다 몸에 좋은 장기가 따로 있다면서 식단의 색깔 균형까지 맞추려고 애쓴다. 화학조미료는 말할 것도 없고 밀가루, 설탕과 소금도 최소한의 양만 사용한다. 당연히 아내가 내놓는 음식은 간이 무슴슴하다. 물론 내 입맛에 맞을 리가 없다. 라면이나 빵은 가물에 콩 나듯 별식으로 먹는데, 그나마 나 혼자 즐길 뿐 아내는 거들떠보지도 않는다. 그 덕분인지 장가든 두 아들을 포함한 우리 식구는 비만 걱정을 한 적이 한 번도 없다.

그 밖에도 신경 쓰는 일이 한둘이 아니다. 영양제나 건강식품에 대한 지식은 전문가 뺨칠 정도로 해박하다. 비타민 A, B, C, D, E, K는 물론이고 콜라겐이나 오메가3 등의 효능까지 속속들이 꿰뚫고 골라 먹는다. 한약재도 아내의 예리한 안목을 피해 갈 수 없다. 우리 땅에서 나는 약재가 아니라느니, 어느 약초는 어떤 부작용이 있는 것까지 훤하게 알고 있다.

운동에 대해서도 일가견이 있다. 아내는 필라테스나 요가를 하지 않는다. 체육관에도 다니지 않는다. 대신에 혼자서 할 수 있는 것은 거의 다 한다고 봐도 무방하다. 동네 산책은 물론이고 맨손체조, 허리에 좋은 운동, 발바닥에 좋은 운동, 척추에 좋은 운동을 종류별로 매일 저녁 빠짐없이 한다. 그렇게 건강에 지나칠 만큼 구석구석 관심을 가지고 열심히 실천하고 있으면 남 못지않게 튼튼해야 하는데 그게 아니니 사달이 아닌가.

아내는 머리부터 발끝까지 성한 데가 없다. 머리부터 시작해서 아래로 꼽아보자면 한나절이 걸릴 지경이다. 눈은 황반변성이 와서 치료받은 적이 있다. 더 이상 악화하지 않고 있을 뿐이지 상태가 좋아진 것은 아니다. 목으로 내려오면 갑상샘 기능 이상 진단을 받았다. 하도 강한 약이라 대학병원에서 약을 처방받을 때마다 서약서를 쓰라고 하자 겁을 집어먹고 치료를 중단한 채 견딘다.

골다공증이 심하다. 단순 수치로 본 아내의 뼈 나이가 90세라고 한 지가 십 년도 더 된다. 척추가 좋지 않으니 허리가 아픈 것은 당연지사. 한 시간 남짓 걸리는 곳에 승용차를 타고 가더라도 뒷좌석에서 앉았다 눕기를 반복한다. 무릎은 퇴행성관절염이 심해 계단을 잘 오르내리지 못하고, 발바닥조차 족저근막염이라 오래 걷지 못한다. 그나마 유튜브에서 모 대학교수가 내린 운동 처방을 열심히 따라 해서 많이 완화된 상태다.

내과 쪽으로 가보자. 위장이 나빠 맵고 짠 음식을 못 먹는다. 며칠 전에는 역류성식도염이 의심된다며 약을 받아왔다. 기관지가 좋지 않아 한여름에도 지하철 탈 때 목도리를 준비하고, 집에서는 에어컨을 켜지 않고 지낸다. 겨울에 들고 날 때 감기 아니면 몸살을 연례행사로 치른다. 불면증까지 있다. 간신히 두어 시간 눈을 붙이고 나면 밤새워 뒤척이며 날밤 지새우기를 밥 먹듯 한다. 한마디로 아내의 몸은 안과, 내과, 외과를 망라한 종합병동이다.

그래도 당뇨, 고혈압 없는 게 신통방통하다. 최근에 고지혈증과 콜레스테롤 수치가 좋지 않다고 약을 처방받아 와서 하는 말이, 투석만은 정말 받기 싫다고 하더니 그놈이 먼저 알고 찾아왔으니 크게 낙담하는 것도 무리가 아니다.

다음날부터 아내는 나빠진 신장에 맞게 음식 조절한다고 검색이 한창이다. 도무지 입에 넣을 게 없단다. 이것저것 생각하면 아예 안 먹는 게 상책이지만, 그렇다고 저체중에 가까운 몸으로 곡기를 끊지는 못하니 난감하기 그지없다.

검사결과표를 받아온 지 두 주일이 지났다. 비가 추적추적 을씨년스럽게 내리는 아침, 아내가 병원에 데려 달라고 부탁했다. 내가 상급 병원에 가보자고 할 때는 묵묵부답이더니 그동안 나 모르게 여기저기 알아본 모양이었다. 아내를 병원 앞에 내려 주고 돌아와 혼자 먹을 밥상을 차렸다. 검사하는 동안 병원에 머물고 싶어도 코로나로 보호자 출입이 제한하는 바람에 그럴 수 없었다. 둘이 있어도 곰살맞은 편이 아니었지만, 오늘따라 식탁이 별나게 휑하다.

슬며시 검사 결과가 안 좋으면 어쩌나 하는 걱정 뒤에 이기적인 생각이 스멀거린다. 아내 병시중에, 집안 살림도 오롯이 내 몫이 될 것이 아닌가. 지금 누리는 일상을 얼마만큼 축소하고 생략해야 할지 몰라 앞이 캄캄하다. 어림잡아봐도 삶의 질이 무간 나락으로 떨어질 게 불 보듯 뻔하다. 아내가 있고 없는 차이가 이렇게 큰 줄 새삼 알겠다. 안 그래도 혼자 먹는 밥맛이 뚝 떨어지고 덩달아 입맛까지 천리만리 달아난다.

정오께 현관문을 열고 들어오는 아내의 안색부터 살핀다. 아침 분위기로 봐서는, 나쁜 소식이면 한바탕 울음부터 터트릴 기세가 아니던가. 그런데 얼굴이 밝다. 검사 수치가 며칠 전보다 훨씬 좋다고 한다. 약물 복용이라든지 별다른 처방을 내릴 단계가 아니니 안심해도 된다는 거다. 담당 선생님께서 지난번과 달리 금식하고 제대로 검사했으니 정확하다고 몇 번이나 강조하시더라며 입꼬리가 귀에 걸린다. 아내는 냉장고에서 반찬을 이것저것 꺼내 허겁지겁 입에 쓸어 넣는다. 며칠 동안 몸에 안 좋다고 입에도 안 대던 음식들이다. 우중충하던 집안 분위기가 금세 밝은 햇살로 가득 찬다.

나는 아내의 종합병동에 걸린 여러 간판 중에 '신장 전문 내과'를 찾아 재빨리 내린다. 그래, 옛말에 골골 팔십이라지 않던가. 몸이 좀 부실하면 어때, 곁에만 있어 다오. 당분간 위 아랫물 지지 않고 가정부 노릇, 홀아비 신세는 면하겠구나 싶어 안도의 한숨을 크게 내쉰다. 천국이 따로 없다.

-『오늘의 수필』2023. 제8호

꽃밭에는 꽃들이

 올 삼월에 도심에 오래된 개량 한옥 한 채를 빌렸다. 대문을 열고 들어가면 ㄱ자 집 안채 건너, 마당 맞은편에 두어 평 남짓한 꽃밭이 있다. 꽃밭의 남쪽은 담벼락에 막혔고, 담 너머 한 뼘 간격도 없이 옆집 건물이 서 있다.
 꽃밭에는 어른 가슴팍 높이까지 오는, 허벅지 굵기만 한 가지 세 개가 덩그러니 남아있는 오동나무가 서 있다. 마치 고층 건물 앞의 어울리지 않는 조각품처럼 볼품없는 모양이야 그렇다 치고, 주인이 바뀐다고 제 살이 무참하게 베어져 나간 오동나무의 처지가 안쓰러워 보였다.
 이사한 후, 이 나이 되도록 텃밭 한 번 가꾸어 보지 못한 내가 문우들에게 꽃밭을 만들고 싶다는 말을 꺼냈더니 후원자가 줄을 이었다. 초롱꽃을 한 줄 심어주는 이, 꽃 잔디를 심어 놓고 가는 이, 치자꽃과 모란 꽃모종을 사다가 심어주기도 했다. 집에서 아끼며 가꾸던 화분이나 다육식물을 들고 오는가 하면, 심지어 국화 모종을 가져다가 분을 여러 개 만들어 주신 선배도 있었다. 나도 보고 들은 바는 있는지라, 지인에게 꽃밭에 어울릴만한 돌을 부탁했더니 직접 작은 정원석 세 개를 싣고 와 자리를 잡아 주었다.

어느덧 봄이 무르익어 꽃밭에 화초들로 채워질 때까지 기둥 같은 오동나무 가지 세 개는 움도 트지 않고 메마른 모습 그대로였다. 나는 가지를 너무 짧게 베어버려 고사하지 않을까 내심 걱정을 하였으나 기우였다. 어느 날 갑자기 여기저기 움이 트기 시작하더니 그 자리마다 차례로 팔을 뻗어 내었고, 벋어나간 줄기에서는 하루가 다르게 새잎이 났다. 어른 손바닥 두 개를 합친 것보다 더 넓은 잎이 드랑드랑 달려 한 달이 채 지나기도 전에 꽃밭 전체를 뒤덮어 버렸다.

대문을 열고 들어오면, 혼자 집을 지키던 오동의 초록 이파리가 살랑살랑 춤을 추며 가장 먼저 반겨 주었다. 마루에 앉아 꽃밭 쪽으로 눈길을 주면, 오동잎이 사르르 사르르 말을 건넸다. 비가 오면, 오동잎에 떨어지는 빗소리가 풍운風韻*을 돋우었다. 문우들에게 비 맞는 오동의 동영상을 찍어 보냈더니 막걸리 사 들고 오겠다는 대답이 줄을 이었다. 오뉴월 꽃밭의 주인은 누가 뭐래도 오동이었다.

오동은 대나무처럼 빨리 자라고 쓸모가 많은 나무다. 딸을 낳으면 오동나무 몇 그루를 심어 그 딸이 자라서 시집갈 때, 그동안 자란 오동으로 농이나 문갑 같은 가구를 만들어 혼수로 보냈다. 오동으로 가야금을 만들면 소리가 맑고 우아하다. 장구통도 오동나무로 만든 것이 공명이 잘 되고 소리가 좋아 최고로 친다. 그런데 오동이 좋은 값하느라 바람직하지 못한 일이 생겼다.

끝 간 데 모르게 올라간 가지와 넓은 이파리가 꽃밭의 지붕이 되었다. 그렇지 않아도 담과 옆집 벽에 가려 남향 볕은 구경도 못 하는 와중에 오동이 하늘을 가리고 있으니 온종일 따뜻한 볕 한 줌 바닥까지 내려오지 못했다. 문제가 심각했다. 나팔꽃이 자줏빛 꽃 두어 송이를 피우고는 그뿐이었다. 줄기와 잎은 무성하게 올라가는데 봉오리를 맺지 않았다. 초롱꽃도 아침 햇볕이 잠시 드는 쪽 포기만 꽃대가 올라와 하얀 꽃이 대여섯 송이 열렸으나, 온종일 햇볕 구경을 못 하는 안쪽에서는 봉오리조차 맺지 않았다.

큰 나무 그늘에서는 풀뿌리도 다리를 못 뻗는다고, 오동나무의 무성한 가지와 잎이 우로雨露와 햇빛을 가려 버린 탓이었다. 꽃밭의 화초는 꽃을 피우지 못하고 풀들은 그늘 속에서 말라갔다. 노심초사하던 차에 원예에 정통한 분이 무성한 오동나무 가지를 쳐 주어야 한다고 가르쳐 주었다.

꽃밭의 주인 노릇을 하던 오동을 가지째 잘라내려니 가슴이 아렸다. 작심하고 잘라낸 줄기와 이파리가 마당에 수북했지만, 꽃밭 바닥에 햇볕이 들기는커녕 캄캄하기만 했다. 아픈 손에 약 바르기로 가지 자르는 손이 뻣뻣하게 오므라들어서였다. 다시 용기를 내어 가지 몇 개를 더 쳐내었지만, 그 나물에 그 밥이었다.

　일단 하루를 더 지켜보기로 했다. 아침부터 나와서 햇볕이 넘어가는 것을 보고 있자니 바깥쪽에 잠시 잠깐 볕이 드는 게 전보다 나은가 싶더니 그것으로 그만이었다. 하는 수 없이 굵은 둥치에서 나온 잔가지, 잔가지라 해도 굵기가 엄지손가락 두 개만큼 굵은 놈 두 개씩만 남기고 모조리 잘라내었다. 남겨둔 가지에 붙어 있는 이파리도 손닿는 데는 몇 개만 남기고 모두 떼어내었다. 그제야 오동잎 사이로 하늘 구멍이 드문드문 보이기 시작했다. 오동에는 미안한 일이었지만, 아래에 남은 풀이나 꽃들을 위해서는 어찌할 수 없는 극단의 조치였다. 무성하던 잎이 사라져 텅 빈 듯한 꽃밭을 바라보니 허전했다. 그 아래 꽃과 풀들이 그나마 햇볕을 쬐고 크게 숨을 쉬는 것 같아 아쉬운 마음을 달랬다.

　오동나무의 역할이 크고 쓰임새가 많지만, 그렇다고 작은 꽃들을 무시할 수 없다. 화초나 풀도 제 나름의 꽃을 피우고 결실을 보아야 하지 않겠는가. 오동이 제 팔다리와 살을 떼어내어 햇볕을 나누어 줌으로써 꽃들과 상생의 길을 가게 되었다. 바닥의 봉숭아꽃, 초롱꽃, 나팔꽃도 한두 송이가 아닌 무더기무더기 피워 조화를 이루면 좋겠다. 오동나무도 내 마음을 알았는지, 널따란 이파리를 쉴 새 없이 흔들어 제 발아래 오순도순 앉아 있는 화초와 풀에 골고루 햇볕을 보내고 있다.

 그러고 보니 손바닥만 한 꽃밭에서 일어나는 일이나 사람 사는 일이나 별반 차이가 없다. 부모가 자식보다 앞서서 아이 할 일까지 도맡아 해버리면, 아이는 오동 아래 화초처럼 되어 버린다. 그뿐이랴. 큰 기업이 국민의 삶에 긍정적인 기여를 많이 하지만 거기에 마냥 취하다 보면, 작은 기업이나 공장이 힘을 쓸 수 없다. 부모는 아이의 개성을 존중하고, 잘사는 사람은 넉넉하지 못한 사람을 곁들어주어 모두 함께 행복을 가꾸어 나갔으면 좋겠다.

 꽃밭에는 나무와 꽃들이 모여 살아야 한다. 오동나무 아래에도 꽃이 피어야 한다. 그렇지 않으면, 꽃밭 주인이 오동나무를 캐내 버리고 꽃밭마저 뒤집어엎어 남새밭을 만들어 버릴지도 모른다.

 *風韻: 풍류와 운치

－『오늘의 수필』 2021. 제6호

말굽자석

　어린 낚시꾼과 물고기가 밀고 당기느라 한창이다. 나무로 만든 손잡이에 매달린 말굽자석과 동그란 자석을 입에 물고 있는 종이 물고기가 '잡네', '안 잡히네' 실랑이한다. 쌍둥이 손녀는 입술을 동그랗게 모으고 눈 깜박임도 하지 않는다. 손끝이 파르르 떨린다.
　우리 어릴 적에는 장난감이 귀했다. 자석이라고 다르지 않았다. 가난한 아이들은 자석을 직접 만들었다. 멀리 떨어진 기찻길까지 가서 레일 위에 대못을 얹어 붙들어 매어 놓고 역무원의 눈을 피해 철길 옆 비탈에 바짝 엎드렸다. 기차가 그 위를 지나가면 못에 자성磁性이 생겨 자석으로 변했다. 어렵사리 만든 자석은 장난감이라기보다 하나의 도구였다. 동무들은 줄에다 자석 여러 개를 묶어 학교 운동장이나 골목 바닥을 쓸고 다녔다.

엿이나 강냉이로 바꿔줄 쇠붙이를 찾기 위해서였다.

쌍둥이 손녀의 놀이방에는 웬만한 어린이집에서 갖추어 놓은 장난감보다 종류가 많고 고급지다. 아들이 제 아이 놀이방에 장난감을 넘치도록 채워 두는 것을 뭐라 나무랄 수는 없다. 아들이 어렸을 적에도 블록을 갖고 놀았다. 그러나 성장하는 데 맞추어 블록을 업그레이드해 줄 만큼 살림이 넉넉하지 못했다. 한 가지 종류를 가지고 어찌나 많이 만지고 주물렀던지 볼록한 모서리와 오목한 구멍이 닳아서 헐렁헐렁할 지경이었다. 아들은 제 어릴 적 느꼈던 장난감에 대한 갈증을 기억하고, 제 딸들은 목마르지 않게 키우겠다고 다짐했을지도 모를 일이다.

그 많은 장난감 중에 쌍둥이가 낚시 놀이하는 말굽자석에 눈이 머물러 떠날 줄 모른다. 우리 부부가 살아온 자취가 자석의 특성과 다를 바 없다는 생각이 들어서다. 우리 부부는 처음부터 구부러질 줄 모르는 단단한 막대자석이었다. 나는 N극이고 아내는 S극이었다. 자석의 북극, 남극만큼 성격이 달랐다.

그중에서도 가장 큰 차이는 씀씀이였다. 아내는 살림을 물 한 방울 샐 틈 없이 치밀하고 야무지게 산다. 결혼한 지 40년이 지났는데 여태 한 달도 거르지 않고 가계부를 적고 있다. 그 가계부라는 것도 여성 월간지 신년 판 별책부록으로 주는 알록달록한 양장본이 아니고, 줄만 그어 놓은 공책을 세로로 한번 접어 쓴다. 한 달분 지출은 종이 한 장이면 거뜬히 적을 수 있다. 얇은 공책 한 권으로 2년은 족히 쓸 수 있으니 40년 살림살이가 스무 권 남짓한 가계부에 온전히 담겨 있다. 아내는 이사 때마다 낡은 공책 가계부를 신줏단지 모시듯 했다.

반면에 나는 씀씀이가 헤프다. 호주머니에 돈이 들어 있으면 손이 벌써 근질근질하다. 목돈이 생길 조짐이 있으면 쓸 궁리부터 하고, 상의도 없이 실행에 옮긴다. 적금 탈 때가 가까워지자 자가용을 집 앞에 떡하니 끌어다 놓기도 했다. 어쩌다 승진했다고 일 년 치 봉급인상분보다 더 많은 축하주를 마시고 들어오는 남편을 보고 아내는 기막혀했을 것이다. 아내는 푼돈 모아 목돈을 만들었고, 나는 아내가 애써 모아놓은 뭉칫돈을 잔돈푼으로 헤집기 일쑤였다.

다른 것이 어찌 씀씀이뿐이랴. 나는 열이 많은 체질이라 11월까지 선풍기를 창고에 들이지 못한다. 아내는 지하철 탈 때는 여름에도 스카프로 목을 감싸고 긴 옷을 여벌로 준비한다. 거실에 장승처럼 덩그러니 서 있는 에어컨은 있으나 마나 한 그림의 떡이다. 아무리 더워도 아들이나 손주가 오지 않으면 켜지 않는다.

우리 집 냉장고에는 내가 먹는 청양고추와 아내 전용 오이고추가 따로 있다. 나는 짠 음식과 매운 청양고추를 좋아하지만, 아내는 싱거운 것을 좋아하고 청양고추 한 조각만 베어 먹어도 속이 쓰리다고 동동거리기 때문이다. 나는 외식을 좋아하고 아내는 집밥을 좋아한다. 계란후라이만 하더라도 성격이 급한 나는 반숙, 치밀한 아내는 완숙. 이렇듯 우리는 매사에 호불호가 달랐다.

자석은 다른 극을 만나면 잡아당긴다. 우리 부부는 N극과 S극이면서도 신혼 초부터 서로 밀어내기 바빴다. 각자 다른 환경에서 자랐으니 바라보는 곳이 다를 수밖에 없을 테지만, '다름'을 '차이'로 이해하거나 인정하기는커녕 아내더러 바꾸라고 떼를 쓰고 버둥거렸다. 아내는 아내대로 내가 바라보는 곳이 어디인지 알려고도 하지 않았다.

막대자석의 양쪽 끝에 서서 30년이 가고 40년이 지났다. 그렁저렁 나는 정년을 맞이했고, 아내도 골다공증에 퇴행성관절염 같은 반갑잖은 친구를 하나둘 불러들이고 있다. 양쪽 끝의 자성이 시나브로 약해지더니 서로 당기고 미는 힘마저 줄어들었다. 자석의 성질을 오래 유지하려면 N극은 S극, S극은 N극과 붙여놓아야 한다. 우리는 처음부터 당기기는 고사하고 대척점에서 서로 밀어내기 바빴으니 자성磁性이 오래갈 리가 있겠는가.

둘의 시선은 화성 남자와 금성 여자처럼 정반대로 향하고 있었지만, 속마음까지 쫄딱 그런 것은 아니었던 모양이었다. 내가 아내에게 먼저 다가선 건지 아내가 먼저 손을 내민 건지 알 수 없지만, 단단하던 마음이 서서히 물러지더니 동화하기 시작했다. 급기야 평생 갈 것처럼 단단했던 막대자석의 허리가 묏등처럼 구부러져 말굽자석으로 변했다.

남과 북을 향해 바라보던 시선이 동東이면 동, 서西면 서 어느 한쪽으로 일치하는 경우가 많아졌다. 눈을 부라릴 일도, 밀고 당겨야 할 거리가 시나브로 없어지고 칼같이 날카로웠던 성질도 무뎌졌다. '이렇게 해, 저렇게 해.'하며 다투던 것이 '좋은 게 좋고, 당신이 좋으면 나도 좋다.'로 바뀌었다. 왁시글덕시글 굴러오느라 서로 껴안지 못했으나 이제는 토닥토닥 등을 두드리며 남은 시간을 건너는 중이다.

쌍둥이는 그사이 소꿉놀이에 한창이다. 바닥에 내쳐진 말굽자석을 손바닥 위에 올려놓고 지그시 내려다본다. 긴 갈등과 반목 끝에 같은 곳을 바라보는 우리 부부가 얹혀있다. 구부정한 말굽자석의 허리에 청실홍실 한 타래를 훈장처럼 매어 주고 싶다.

-『좋은 수필』 2021. 5월호

하루치 손익계산서

오늘 계획된 일정이 무싯날과 달리 촘촘하다. 며칠 미루었던 이발을 하고, 수필헌 마당에 배관공사를 한다고 하니 들러야 한다. 오후에는 수필 아카데미 강의 참관, 저녁에는 부부 동반 대학 동창 모임까지 있다.

은퇴 후, 갑자기 쏟아진 시간을 잘 활용한답시고 여기저기 기웃대고 이런저런 강의를 숨돌릴 틈 없이 순회했다. 갈수록 체력이 달려 하나둘 거두어들였다. 결국, 하루에 한 가지 일정만 소화하기로 마음먹은 지 오래되었으니 오늘 같은 날은 좀처럼 보기 드문 날이다.

이 동네로 이사 온 지 5년째 단골이발소를 정해 다닌다. 가게 주인은 이발, 면도, 염색, 세발洗髮까지 혼자서 다 한다. 재작년 어느 날 주인이 얼굴에 미안한 표정 가득, 두 손까지 모아 비비면서 요금을 1,000원 올려 9,000원으로 하게 되었다고 어렵사리 말을 꺼냈다. 나는 만 원짜리 지폐를 건네며 제 이발 요금은 만 원으로 할 테니 그리 아시라고 했다. 주인은 극구 사양했지만, 그날부터 내 이발 요금은 만 원이 되었다.

이발을 마치고 주인장 나이를 물었다. 그가 나보다 두 살 많았다. 나는 다행이라고 했고, 사장은 내가 더 많은 줄 알았다며 아쉬워한다. 우리는 서로 마주 보며 웃었다. 오늘도 만 원권 한 장을 탁자 위에 얹어 놓고 나왔다.

이발을 마치고 수필헌에 들렀다. 땀 흘리며 일하시는 분들께 인사를 드리고 나오니 점심때가 훌쩍 넘었다. 수필헌은 시내 한복판이라, 주변에 음식점과 먹거리가 다양하다. 오늘은 유난히 중국 음식이 당겨서 중년 부부가 운영하는 가게로 향했다. 같은 짜장면이라도 집집이 재료와 맛이 천차만별이다. 이 가게는 주인 내외가 친절하고 몸에 밴 성실함이 눈에 들어 가끔 들리는 곳이다. 맛도 요즘 것처럼 들쩍지근하지 않은, 그야말로 옛날식 짜장면이다. 거기다 가격까지 착하다. 곱빼기 같은 보통 한 그릇에 오천 원이다.

처음 갔던 날, 짜장면 한 그릇을 맛있게 비우고 오천 원을 건넸더니 천 원짜리 한 장을 거슬러 주었다. 왜요, 했더니 현금은 천 원 할인이란다. "이렇게 맛난 짜장면 오랜만에 먹었다."며 그냥 넣어 두시라 하고 나왔다. 오늘도 내가 정한 가격대로 오천 원짜리 지폐를 건네고 나왔다.

  오후 일정에 맞추느라고 서둘렀더니, 수필 아카데미 시간 대기에 여유가 있어서 단골 커피점에 들렀다. 언제나처럼 여주인이 반갑게 맞으며 오늘은 혼자세요, 한다. 몇 년째 시내에서 만나는 지인과 차를 마실 경우가 있으면 예외 없이 이곳에 오는지라 간단한 인사 몇 마디는 나눌 정도가 되었다. 카페라테 한 잔을 주문하고 자리에 앉아 책을 펼쳤다.

  잠시 후, 소반에 차를 가지고 왔는데, 500원짜리 동전과 비닐 포장된 쿠키 한 개가 담겨 있다. 고개를 들고 여주인을 보니 빙긋 웃고 그냥 돌아선다. 뒷모습에 대고 고맙습니다, 했다. 그녀는 가던 걸음을 멈추고 고개를 갸웃해 보이는 걸로 인사를 대신한다. 평소에 여럿이 오면, 음료 한 잔 값은 빼주는 터이지만, 혼자서 한 잔을 시켜도 에누리해 주는 마음 씀씀이가 새삼 고맙다. 카페라테 한 잔 값이 5,000원인데, 500원을 에누리 받은 위에다 1,500원짜리 판매용 쿠키 한 개까지 서비스로 받았다.

  커피를 마시며 싱거운 마음으로 오늘 하루치 손익 계산서를 작성해 본다. 내가 제출물로 얹어 준 값과 덤으로 받은 값을 정리해 보니 다음과 같다.

  이발소 요금 : -1,000원
  짜장면값 : -1,000원

카페라테 할인 : +500원

수제 쿠키값 : +1,500원

합계 : 0

　사람이 하루하루 손익을 따져가며 살지는 않겠지만, 오늘은 수입과 지출이 넘치지도 부족하지도 않은, 딱 맞는 0원이다. 이발소와 중국집 사장에게 내민 천 원짜리 지폐 한 장이 적선이 아닌 것처럼, 카페 주인의 호의가 내 호주머니 사정을 생각해서는 아닐 것이다. 손에서 손으로 건네고 받는 감사한 마음의 가교일 뿐이다.

　손에 든 책을 잠시 내려놓고 실없는 생각에 빠져든다. 사람의 한평생을 두고 손익을 따져 봐도 접시저울이 어느 쪽으로도 기울지 않는 '0'이 되지 않을까 싶다. 지구상에 존재하는 인류라는 무더기로 안목을 넓혀 봐도 되겠다. 만약 나의 한평생이 '—' 쪽으로 기운다고 하더라도, 내가 기운 만큼 다른 사람이 '+' 쪽으로 기울지 않았을까 생각하면 억울하다고 울상지을 일도 아니다.

　자잘한 손해와 손톱보다 작은 이익에 연연하며 아웅다웅 살 일이 아니라고 말한다면 너무 시건방진 소리일까. 나이가 드니, 아무것도 아닌 일에도 젊을 때보다 생각의 뿌리가 넓고 깊어지나 보다. 말이 그렇다는 말이니, 제 자랑질로 오해하지는 마시

라. 오늘 하루를 손해와 이익 어느 곳으로도 치우치지 않고 보낸 게 신통방통해서 그냥 해본 소리에 지나지 않으니까.

화양연화花樣年華가 따로 있나. 과거는 흐르는 모래와 같으며 꽃은 내 발아래 피어 있다는 말이 있다. 에어컨 바람이 짱짱한 카페의 예쁜 여주인이 정성 들여 내려서 만든 카페라테 한 모금에, 쿠키 한 입 베어 문다. 달콤한 행복이 나른하게 스며든다. 아름다운 사람들이 꽃이 되어 팔을 벌리는 한 나의 화양연화는 계속된다.

휴지 줍는 사회

길을 가다가 오물이나 쓰레기가 보이면 침을 뱉고 고개를 돌리는 사람들을 본다. 심하면 가래까지 돋우어 올린다. 자기는 지저분하거나 더러운 곳과는 전혀 상관없이 독야청청獨也靑靑한 듯이 하늘을 올려다본다.

그는 더러운 것을 더럽다고 지적할 줄 아는 자기의 식견을 존경해 달라고 턱을 개어 올리지만, 어림도 없는 말이다. 그들이 떠난 자리는 무수한 휴지와 쓰레기 더미가 그대로 있다. 그가 던진 말이 서 말 닷 되라도 어느 한 곳, 조금도 깨끗하게 만들지 못한다. 그는 다시 돌아와 오물더미를 내려다본다. 아직도 고쳐지지 않았다면서 혀를 끌끌 차며 개탄하고 아까와 똑같이 침을 뱉고 돌아선다. 그들은 그 오물마저 닦아야 하는 선량한 국민의 수고를 정녕 모르는 것일까.

이런 사람을 보면, 소위 지식인이라 자부하거나 깨우친 자를 표방하는 사람들이 겹쳐 보인다. 그들은 사회의 어두운 면을 기막히게 찾아내어 비난을 쏟아붓지만, 아무런 대안을 제시하지 않는다. 어쩌다 내놓는 대책이라는 것도 실현 가능성이라고는 쥐꼬리만큼도 없는, 뜬구름 잡는 소리만 한다.

그들은 타인을 비난하는 저울과 자기를 허용하는 잣대 두 개를 들고 다니다가 필요에 따라 이것이든 저것이든 꺼내 드는 것을 당연하게 생각한다. 입으로는 섬긴다는 국민을 얄팍한 머리로 가르치려 든다. '내가 하면 로맨스, 남이 하면 불륜'이라는 가당찮은 세태가 만연한 우리 사회는 백 마디 허언보다 허리 굽혀 휴지 한 조각 줍는 작은 행동이 필요하다.

일찍이 남명南冥 선생님은 제집 앞 청소 하나, 아침 문안 하나 제대로 못 하면서 공자왈 맹자왈 하는 선비들을 우습게 보았다. 교언영색만 일삼으며 허황한 구두선口頭禪이나 날리는 얕은 지식인, 국민을 시중꾼이나 하인으로 여기는 사이비 정치인, 국민을 개돼지로 취급하는 얼빠진 고위공무원은 필요 없다. 작은 이익에도 눈을 뒤집고 이전투구를 벌이는 그들은 침을 뱉을 줄은 알지만, 제 손으로 휴지 한 조각 주워 담을 줄 모른다.

욕심과 탐욕이 과하면 자기기만自己欺滿에 빠지게 된다. 진실을 제 입맛에 맞게 왜곡하거나 놀랄 만큼 자연스럽게 거짓말을 일삼는 사람은 중증 자기기만에 빠져 있는 경우가 많다. 『맹자』

에 이런 말이 나온다.

  人不可以無恥 인불가이무치
  無恥之恥, 無恥矣 무치지치, 무치의

  사람이 부끄러움이 없을 수 없다.
  부끄러움이 없는 것을 부끄러워하면,
  부끄러움이 없을 것이다.

 '단군 이래 처음 보는 나라'보다 '너나없이 휴지 한 조각 먼저 줍는 나라'가 좋은 나라이다. 말과 행동이 일치하지 않는 그들에게 길거리에 침을 뱉지 말고 차라리 하늘에 대고 뱉으라고 말하고 싶다. 그 침이 자기 머리 위에 떨어지도록.

-『오늘의 수필』 2023. 제8호

낯섦의 끝

낯섦은 불안이다. 그믐날 밤, 막차로 도착한 낯선 도시에 첫발을 내딛는 것처럼. 삶은 시시각각 다가오는 낯섦을 익숙함으로 바꾸는 과정의 연속이다. 시간이라는 것도 따지고 보면 째깍째깍 소리 내는 낯섦이 아니던가.

아버지로 살기

아버지가 된 지 사십 년도 더 지났다. 첫 아이는 아버지 노릇을 채 해보기도 전에 떠났다. 그 아래 태어난 두 아이의 아버지가 되어서는 조바심을 등에 지고 살얼음 진 길 가듯 조심스러웠다. 아버지 역할은 늘 새로움의 연속이었다. 백일, 첫돌, 초등,

중등, 고등, 대학을 지나는 길목마다 그랬다. 대학을 졸업하고도 취업, 결혼, 손주 보기 등 어느 한 과정이 낯설지 않은 게 없었다. 그 낯섦은 새로운 의무와 책임을 의미했지만, 선물 같은 즐거움이었다.

이제 자식들이 제 앞가림을 한다 싶어, 아버지 역할이 끝난 줄 알았으나 그게 아니었다. 지난봄 건강에 적신호가 켜졌다. 원인 없이 오는 병이 어디 있으랴. 술 가까이하고, 운동 멀리한 죄에다 건강에 대한 근거 없는 자만심으로 때맞춰서 해야 할 건강검진을 소홀히 한 죄까지 가중 처벌을 받은 것이다. 당분간 예후를 지켜봐야겠지만, 주치의는 수술과 그에 따른 치료까지 잘 마무리되었다고 했다.

지난해 드나들었던 병원 횟수가 여태 다녔던 것보다 열 배나 더 많았을 것이다. 내 머리에 쌓인 흰 눈보다 자식들의 나이 먹는 게 더 안타까운 나이가 되어 병상에 누워 지냈다. 아들 며느리들의 걱정이 이만저만이 아니다. 파리한 아버지의 손을 꼭 잡은 채로 바라보는 아이들의 눈길이 어릴 적 논두렁에서 얼떨결에 마신 시큼한 막걸리처럼 당혹스러웠다. 아이들이 넘어질까 애면글면 살았던 아버지의 역할이 이번에 바뀌었다. 내 몸이 오롯한 내 것이 아니었다. 그런대로 건강할 때는 몰랐다가, 제 몸 하나 깨끗이 보전해야 자식에게 걱정을 덜 끼친다는 걸 이번에 알았다.

나이가 드니 마음과 몸이 따로 놀고, 말과 행동이 제각각이다. 익숙한 만큼 편하고, 편한 만큼 지루하다는 광고에 얼핏 고개가 끄덕여지다가, 익숙함이 자리 잡은 일상의 고마움을 모르는 소리 같아 헛웃음을 머금는다.

낯섦, 새로움은 망망대해의 파도처럼 끊임없이 다가온다. 맞닥뜨린 파도가 부서지고 무너지다가 이윽고 불안과 혼돈이 가라앉는다. 배 지난 자리의 포말처럼 잔잔해진다. 하지만 병상에 누운 채로 걱정을 가득 담은 아이들의 시선을 올려다보는 낯섦만은 차마 익숙해지고 싶지 않다. 하마 서리 내린 머리카락이 서늘하도록 가없다.

수필가로 살기

원고지를 신나게 메꾸어 보지만, 써놓고 나면 늘 불안하고 아쉽다. 아는 것이 없으니, 모르는 것이 무엇인지조차 모른다. 책을 한 권 읽으면, 거기에 보태 읽어야 할 책이 열 권, 스무 권이다. 읽으면 읽을수록 모르는 게 더 많아지는 셈이라니 무슨 조화 속인지 모르겠다.

매달 우편함에 여러 문학지가 꽂힌다. 거기 실린 선배와 대가들의 날카로운 글에 손이 베이고, 내뿜는 섬광에 눈이 먼다. 그러니 어쩌겠는가. 지난밤에 텔레비전 보면서 이리저리 잡아 놓은 시답잖은 초고를 붙들고 컴퓨터를 켤 수밖에.

수필 강좌에서 새로운 것을 배우면 가슴이 두근거렸다. 명작이나 수필 이론서에서 눈이 번쩍 뜨이는 구절을 발견하면 그 또한 커다란 깨우침이었다. 낯선 조각들이 내 안에 들어와 육화되기까지 긴 시간이 걸렸지만, 그것을 내 글에 조금씩 녹여낼 즈음에 익숙함으로 다가왔다.

발전은 새로움과 깨우침과 같은 낯섦을 극복하여 익숙함으로 변화하는 과정이다. 하이데거는 "생각은 오직 기대하지 않았던 사건과 조우할 때만 발생한다."라고 했다. 친숙함이 사라지고 낯섦이 찾아오는 바로 그 순간이 우리의 생각이 깨어나 활동하기 시작하는 시점이라는 것이다.* 좋은 글을 쓰려면 눈과 귀에 익은 고정된 생각을 버리고, 새롭게 보고 느끼라는 말로 바꾸어 새긴다.

사물을 보는 새로운 시선, 새로운 사람과 만남, 새로운 책과 이론을 통하여 낯섦을 만난다. 나는 얼마나 아는가? 내가 아는 것은 무엇인가? 나는 내가 아는 것을 얼마나 행동으로 실천하는가? 실천하지 않는 지식이란 무엇인가? 실천하지 않은 생각과 사유는 무엇이 되어 남을 것인가? 끊임없이 이어지는 질문은 또 다른 낯섦으로 우뚝 서서 나를 무지의 늪으로 내몬다.

그릇에 맞게 담으려고 하나 내 그릇이 얼마만 한 지 아직도 모르겠다. 그릇의 크기도 모른 채 무한정으로 담아야 한다면 그 또한 지난한 일이다. 그래도 새 글감을 마주하면 원고지 칸 칸을 모 심는 농부의 설레는 마음으로 채운다.

낯섦의 끝

아버지든 수필가든 또 다른 무엇으로 살기 위해서는 낯섦을 슬기롭게 이겨내야 한다. 낯섦에 대한 불안을 극복하는 데는 크고 작은 고통이 따른다. 피겨스케이트를 배우는 어린아이는 새로운 기술을 하나 배울 때마다 수백, 수천 번을 넘어지고 일어난다. 그런 고통을 이겨내고 피어난 빙판 위의 연기는 아름답다 못해 눈물겹다. 세상에 물리치지 못할 고통은 없다.

예기치 않은 사태, 낯섦과 마주했을 때 느끼는 불안과 앞으로 겪을지도 모를 고통에 가위눌려 지레 포기하거나 뜻을 꺾는 일이 비일비재非一非再하다. 수많은 낯섦, 고통 중의 하나에 쉽게 무릎을 꿇고, 심지어 스스로 목숨을 버리기도 한다. 이것은 두려움에 대한 굴복이요, 도전도 하기 전에 포기하는 비겁함이며, 전쟁터에서 적과 마주하자마자 꽁무니를 빼는 도피이다. 낯섦을 불안으로 바라보는 시각의 작은 차이가 이렇게 다른 결과를 초래한다.

낯섦을 불안과 고통이 아닌 설렘으로 바라볼 수는 없는가. 마호체승馬好替乘은 말도 갈아타는 것이 좋다는 뜻으로, 예전 것도 좋지만 새로운 것으로 바꾸어 보는 것도 좋다는 뜻이다. 새 말을 타는 것과 같은 설렘은 부정을 긍정으로 바꾸는 힘이 있다. 매표소에서 표를 사서 버스에 오를 때는 미지의 세계에 대한 불안보다, 설렘이나 동경이 더욱 컸기 때문이 아니던가. 차에 올라탔으면 내릴 용기와 자신감도 있어야 한다.

낯섦을 긍정적으로 바라보아야 한다. 낯섦과 익숙함이 뫼비우스의 띠처럼 이어지다 보면 낯섦은 이윽고 익숙해지기 마련이다. 그러나 고통을 거름으로 자란 익숙함은 버릇이 되고, 기어코 호두 껍데기처럼 딱딱한 습관으로 굳어진다. 습관은 자유를 억누르는 괴물로 변질하기 쉽다. 그래서 껍질 속에 갇힌 씨앗은 또 다른 세상, 낯섦을 찾아 밖으로 뛰어나갈 준비를 하는 것이다.

낯섦의 뿌리는 새로움과 설렘이다. 불안은 낯섦의 첫인사이고, 고통은 먼 길 함께하는 길동무이다. 낯섦의 끝은 진인사盡人事하고 대천명待天命한 이후에 비로소 가질 수 있는 익숙함이다. 익숙함은 또 하나의 성취로 가는 지름길이며 마침내 행복에 이르게 된다.

아버지는 갑작스레 닥치는 사고나 질병 같은 낯섦을 맞닥뜨리지 않는, 익숙한 일상을 유지하고 싶다. 반대로, 수필가는 익숙함을 깨부수는 프런티어가 되어야 한다. 다르게 보고, 다르게 생각해서 새로운 낯섦을 창조해야 한다. 깨어지고 싶지 않은 아버지의 익숙함은 쉽게 부서지고, 깨야 할 수필가의 익숙함은 좀처럼 깨기 어렵다. 이래저래 좋은 아버지로 살기, 글 잘 쓰는 수필가로 살기가 여간 어려운 게 아니다.

백유읍장伯兪泣杖**의 낯섦을 불각시에 마주한 아버지는 양손에 사랑과 이별의 주머니를 준비한다. 글 잘 쓰고 싶은 수필가는 여전히 처음처럼 방망이질하는 가슴을 쓰다듬으며 몽당연필을 꼿꼿하게 세운다.

말이 그렇다는 말이지, 아들이 5G 스마트폰을 사 준다고 하면 손사래부터 먼저 치고 이름마저 생소한 키오스크 앞에서 땀을 뻘뻘 흘린다. 낯섦이 곶감보다 무서운가 보다. 우리 나이에는.

* 『철학이 필요한 시간』, 강신주. 사계절. (2011)
** 백유읍장伯兪泣杖 : 어버이에 대한 지극한 효심을 일컫는 말. 한나라 때, 한백유라는 효자가 늙고 쇠약해진 어머니의 매질이 예전처럼 아프지 않아 울었다는 고사에서 유래함.

— 『오늘의 수필』 2024. 제9호

파울볼

    승과 패의 갈림길. 9회 말 2아웃, 주자 만루. 점수는 1점 차로 뒤지고 있다. 안타 하나면 최소 동점에 다음 타순으로 승패를 넘길 수 있고, 2루 주자까지 불러들이면 역전승이다. 끝내기 만루홈런이면 이 경기의 영웅이 된다.
    타자가 더그아웃(Dugout)의 감독 눈치를 살핀 다음 타석에 들어선다. 마운드 위의 투수와 쪼그려 앉은 포수가 은밀한 사인을 주고받는다. 투수가 높게 와인드업한 발을 내디디며 강속구를 던진다. 타자가 어금니를 앙다물고 힘차게 배트를 휘두른다. 그러나 빗맞은 공은 3루 관중석에 떨어진다. 파울볼. 팽팽했던 활시위가 끊어지자, 운동장의 긴장도 일시에 풀어진다. 이번 타석에서 벌써 열두 번째다. 양쪽 응원단의 탄식이 물결처럼 메아리친다.

'파울볼(foul ball)'은 타자가 친 공이 야구 경기장의 홈에서 1루와 3루를 잇는 선, 파울 라인 바깥에 떨어진 공을 말한다. 파울은 스트라이크로 간주하지만, 투 스트라이크 이후에는 카운트가 올라가지 않으므로 타자가 계속 파울을 치면 경기는 끝나지 않는다. 안타든 아웃이든 양단간에 결판이 나야 한다.

야구는 기록경기다. 흔히 기록경기라면 육상과 수영 등 시간을 다투거나, 창던지기와 역도 등 거리를 측정하고 무게를 잴 수 있는 경기를 떠올린다. 야구는 팀과 팀끼리 겨루는 경기이지만, 선수 개개인의 기록도 팀의 승패 못지않게 중요하다. 타자일 경우, 타율뿐 아니라 세세한 부분까지 기록으로 남는다.

이를테면 같은 안타라도 1루타·2루타·3루타·홈런으로 나누고, 타구 방향까지 따로 챙긴다. 심지어 첫 타석에서 안타를 친 확률과 만루 때, 선두 타자였을 때를 구분한다. 주자가 있을 때와 없을 때 친 타율까지 따로 기록하고 관리한다. 그러니 야구를 기록경기라 주장해도 전혀 무리가 아니다. 이런 기록과 성적은 선수들의 스카우트와 연봉과 직결된다.

그러나 나는 아직 타자가 통산 파울볼을 몇 개 쳤다는 기록을 보지 못했고, 투수가 파울볼을 몇 개 맞았다는 말도 들어보지 못했다. 파울은 안타냐 아웃이냐를 가리는 과정일 뿐, 안타의 종류나 아웃이 된 이유를 살피는 데도 이바지하지 못한다. 타자가 타석에서 살아 나가기 위해 살 떨릴 만큼 처절하게 맞섰던 순간들이 아무 흔적 없이 허공에 사라지고 만다.

야구는 흔히 인생과 같다고 한다. 수많은 갈림길 앞에서 둘 중 하나를 선택하는 인생이야말로 타석에서 투수의 공 하나를 노리는 타자와 다르지 않다. 매 타석에서 투수와 타자가 이길 확률은 반반이다. 그러나 아무리 우수한 타자라도 타율 4할 넘기기가 매우 어렵고, 3할 타자도 드물다. 인생도 따지고 보면 성공하기보다 실패할 확률이 훨씬 높은 경기이다.

인생에 접목할 만한 야구 격언도 많다. '야구 모른다.', '야구는 9회 말 투아웃부터.' 등이 대표적이다. 역전 가능성, 역전승하는 경기가 그만큼 많다는 뜻이다. 인생도 역전이 가능하다. 끝날 때 봐야 그의 인생을 제대로 평가할 수 있다, 젊은 한때 벼락치기로 성공했다 하더라도 끝까지 이어지기 어렵다, '한 회에 많이 얻은 점수는 오래 못 가지만, 매회 쌓은 점수는 오래 간다.' 고故 하일성 해설 위원이 생전에 한 말이다.

대학 시절에, 친구들과 동네 야구 경기할 때 유격수 옆을 빠져나가는 직선타를 몸을 날려 멋지게 잡았던 게 생각난다. 실력이 뛰어나서가 아니라, 무심결에 내민 글러브에 공이 저절로 찾아들었을 것이다. 그때 그 장면이 어제 찍은 사진처럼 선명하다. 내 인생 경기에 그런 멋진 장면, 홈런을 치고 관중들의 환호 속에 손을 흔들며 베이스를 밟고 돌았던 적이 몇 번이나 될까.

전문가들은 선수의 어깨에 힘이 들어가면 타격이나 투구를 망친다고 한다. 선수들도 다 아는 사실이지만 이기고 싶은 욕심, 팬들의 환호성에 부응하고 싶은 마음 때문에 힘이 들어간다. 나도 욕심을 내려놓았더라면, 그래서 파울 대신 안타를 쳤다면 인생이 어떻게 바뀌었을까? 솜씨 없는 낚시꾼의 푸념처럼 놓친 고기가 유난히 더 커 보인다.

지저깨비 없이 완성된 조각품이 어디 있으랴. '실패는 성공의 어머니'라는 격언처럼 실패와 역경이 인간을 숙성시킨다. 안타는 보수적이고, 파울은 개혁적이다. 안타는 지금까지의 타격 자세를 고수하라고 부추기지만, 파울은 그것을 끊임없이 변화하도록 요구한다. 로버트 프루스트의 간 길과 가지 않은 두 길의 끝도 언젠가 마주치고, 존재의 근본은 바다처럼 하나로 연결되어 있다. 이제 와 갈팡질팡할 계제가 아니다.

수많은 선수가 영욕을 안고 거쳐 간, 응원의 열기가 식어버린 경기장은 을씨년스럽기까지 하다. 내가 세상을 떠난 후의 모습도 다르지 않을 것이다. 야구 선수는 은퇴하더라도 온갖 부침浮沈의 기록이 오롯이 남지만, 그렇고 그런 인생 선수에 지나지 않는 내가 떠난 후에 남길 기록은 과연 무엇일까.

내세울 것 없는 학력과 경력, 수필집 몇 권과 애면글면 아끼느라 쓰지도 못하고 남긴 지갑 속의 동전 몇 푼뿐이다. 남겨두고 갈 게 전혀 없지는 않다. 살아내지 못할 날짜까지 새겨진 약봉지 속의 알약과 캡슐들은 제 의무를 다하지 못한 채 쓰레기통에 던져질 것이다.

　9회 말, 스리 볼, 투 스트라이크. 나는 단 한 번 남은 타석에 선다. 투수의 글러브에 감춰진 공을 뚫어지게 노려본다. 이제 투수와 나, 둘 중에 누가 욕심을 온전히 내려놓느냐의 싸움이다. 안타를 치면 좋겠지만, 헛스윙 삼진으로 물러나도 어쩔 수 없다.

　"따악."

　다시 파울! 그러나 빗맞은 볼은 한 번 더 기회를 제공한다. 경기는 아직 끝나지 않았다. 인생도 그렇다.

-『선수필』 2024. 겨울호

이불 세 채

 겨울에는 솜이불이 냉기 품은 외풍을 막아주고, 봄가을에는 차렵이불이 포근한 기운을 보듬고, 삼베 이불은 여름철 눅눅한 습기를 걷어낸다. 큰 누님은 솜이불, 작은 누님은 차렵이불, 막내 누나는 삼베 이불이다.
 엄마는 첫아들을 낳고, 아래로 줄줄이 딸을 낳다가 아들 하나 더 볼 욕심으로 일곱을 더 낳았다. 그중에 넷을 잃고 마지막으로 태어난 사내아이가 나였다. 나는 돌이 될 때까지 두 발로 서지도 못했다. 노산에다 임신중독으로 골골대던 엄마의 젖을 빨아 보지 못했다. 병약한 아기를 살려내는 일은 오롯이 누님들 몫이었다. 미음을 쑤어 먹이거나 미군 부대에서 배급받은 분유 덩어리를 녹여 먹였다. 누님들은 자칫 잃어버릴 뻔한 동생, 막내 사내아이가 얼마나 귀하고 사랑스러웠으랴.

솜이불

큰 누님은 내가 두 살 때 아버지를 따라 도시로 올라와 직물 공장에서 일하다가 스무 살의 나이로 시집갔다. 내가 초등학교에도 들어가기 전이었다. 그 무렵 나는 생인손을 앓고 있었는데 잔칫날 맛있는 고기를 못 먹게 생겼다고 엄마에게 보챘다. 시집가는 누나와 헤어져 못 보게 되는 것보다 맛난 잔치 음식을 못 먹는 게 더 슬펐던 철부지였다.

잔칫날, 새신랑을 다룬다고 들보에 거꾸로 매달고 마른 명태로 발바닥을 내리치며 새색시 데려오라고 고함쳤다. 신랑 신부를 한데 묶어 이리저리 끌고 다니며 짓궂게 장난쳤다. 나는 울면서 새신랑을 다루는 꾼들에게 누나 살려달라면서 주먹질한 기억이 어렴풋이 남아 있다.

내가 뒤늦게 대학 공부할 때, 누님 내외는 시어머니를 모시고 농사지으며 사는 옹색한 중에도 방 한 칸을 동생에게 내어 주었다. 지금도 그 고마움을 잊지 못한다. 어디 그뿐이랴. 용돈이 떨어져 쩔쩔매는 것을 보고는 끼고 있던 금반지를 선뜻 빼 주었다. 동네 아낙들과 반지 계를 한 것으로 2년 가까이 푼푼이 모아 장만한 반지였는데 아낌없이 빼주었다.

큰 누님은 엄마와 꼭 닮은 풍성한 체격처럼 나를 따뜻하게 감싸준 솜이불이었다. 무명 솜을 두툼하게 넣고 온 식구가 부챗살처럼 누워 자도 남을 만큼 넓은 솜이불은 한겨울 추위를 이겨내는 방패였다. 나는 큰 누님한테 꾸중을 들은 기억이 한 번도 없다. 나를 보면 언제나 너그러운 미소부터 지으시던 누님은 지금 안 계신다. 환갑도 되기 전에 세상을 하직하셨다.

그 후, 내가 얹혀사는 삯으로 과외를 했던 생질 둘 다 일찍 세상을 등졌는데 그게 모두 내 탓인 것 같다. 내 살기 바빠서 생질들을 제대로 살피지 못한 죄다. 나중에, 하늘에 올라가 누님 볼 걱정이 크다.

차렵이불

나보다 열 살 많은 작은 누님은 매사에 똑 부러진다. 대학 나온 나보다 삶의 지혜가 풍부하고 잔정이 많다. 내가 중학교 2학년 때, 집안 사정이 여의찮아 수학여행을 갈 수 없게 되었다. 울적한 마음으로 신혼살림 중인 누나 집에 갔다. 사글세 사는 누나네 방이 잠겨 있었다. 툇마루에 앉아서 누나가 돌아오기를 무작정 기다렸다. 일을 마치고 돌아온 누나가 평일인데 왜 왔느냐기에 내일 수학여행 안 가니까 놀러 왔다고 했다. 누님이 준 수학 여행비를 손에 쥐가 나도록 거머쥐고 뛰는 듯 나는 듯 달음박질쳤던 기억이 아직도 생생하다. 그때는 누님이 공장에 다니며 맞벌이할 때였는데, 누님네는 그 한 주 동안 찬 없는 밥을 먹었어야 했으리.

아버지께서 시골에서 농기구나 농약을 사러 대구에 올라오면, 누나는 바쁘고 없는 살림에도 따로 시간을 내어 외식을 사드리곤 했다. 한번은 나도 동석했다. 당시에는 민물 횟집이 많았다. 아버지께서 향어회와 반주를 드셨는데, 그렇게 맛있게 드시는 모습을 그 전은 물론 그 후에도 본 적이 없다.

작은 누님은 차렵이불과 똑 닮았다. 차렵이불은 솜을 얇게 두어 만든 이불이다. 대개 두 겹의 천을 포개 안팎을 만들고, 그 사이에 솜을 넣어 줄이 지게 죽죽 박은 누비이불 형태가 많다. 촘촘하게 누빈 차렵이불은 안에 둔 솜은 얇지만, 이리저리 몰려다니지 않는다.

차렵이불을 누빈 올곧은 간격은 바로 누나의 삶의 잣대, 표준이었다. 삶의 고비 고비마다 중심을 흩트리지 않았다. 삼 남매를 반듯하게 키워 내었고, 동생이 잘못하는 게 있으면 매서운 충고와 질책을 마다하지 않았다. 아내와 티격태격할 때도 가운데 들어 중재를 도맡았다. 이즈음에는 불교에 심취하여 사경과 기도를 하며 보낸다.

삼베 이불

막내 누나는 나보다 네 살이 더 많다. 초등학교 다닐 때는 나의 호위무사였다. 든든한 뒷배 덕분에 덩치 큰 아이들도 나를 괴롭히지 못했다. 누나는 중학교 다닐 때 앞산에 놀러 갔다가 비탈에서 구르는 바람에 몸이 부실하게 되었다. 바깥세상과 접촉할 기회가 드물다 보니, 마음이 때 묻지 않아 순진무구하다. 남에게 싫은 소리 한 번 제대로 하지 못할 만큼 심성이 곱다.

막내 누나는 시골집에서 전통 혼례를 치렀다. 늘그막에 귀농한 부모님은 농사지을 땅과 살 집을 장만하고 자리를 잡느라 농사 비용이 많이 들 때였다. 나는 공업학교를 졸업하고 취직해서 그동안 부었던 적금을 몽땅 털어 결혼 비용으로 내놓았다. 혼례를 다 마치고, 아버지께서 나를 따로 불러 고맙다고 하셨다. 막내로 태어나 부모님의 걱정과 누님들의 보살핌으로 살다가 처음으로 작은 보답을 한 것 같아 뒤뜰에서 실없이 빙긋 웃었다.

부산으로 시집가서 한참 만에 주택을 장만하여 집들이하는 날, 밤새워 술 마시며 축하했던 기억이 아스라하다. 얼굴을 자주 보지는 못하지만, 요즘 나를 만나면 꼭 오빠 같다고 한다. 그럴 때마다 안타까운 마음뿐, 누나 내외분이나 생질들에게 무엇 하나 딱히 도와드린 게 없어 몸들 바를 모르겠다.

막내 누나는 바람이 숭숭 드나드는 삼베 이불 같다. 삼베 이불은 가볍고 통풍이 잘되어 여름 이불로 안성맞춤이다. 무더운 여름날, 살끼리 맞닿을 때 느끼는 눅진한 기운을 누그러뜨린다. 어느 자리든지, 막내 누나와 함께 있으면 어느 틈에 분위기가 온화해진다. 누나의 착한 마음이 삼베 이불 올올이 통과하여 사통팔달 전해지기 때문일 것이다.

나는 형제간의 우애를 생각할 때마다 조식의 칠보시七步詩를 떠올린다. 조조의 아들 문제(조비)가 아우에게 일곱 걸음 안에 시를 못 지으면 엄벌을 내린다고 했다. 천재 시인 조식은 일곱 걸음 만에 이 시를 지어 죽음을 면했다고 해서 원래의 '형제'라는 제목 대신 칠보시로 널리 알려져 있다.

    煮豆燃豆萁 豆在釜中泣　자두연두기 두재부중읍
    本是同根生 相煎何太急　본시동근생 상전하태급

    콩을 삶는데 콩깍지로 불을 때니 콩이 솥 안에서 우네.
    본래 같은 뿌리에서 났거늘 서로 들들 볶음이 어찌 이리
 급할까.

우리 남매는 조비와 조식 형제의 다툼과 달리, 마주 앉아 얼굴 붉혀가며 싸운 기억이 별로 없다. 누가 콩이고 누가 콩깍지

인지 가리지 않았다. 콩은 콩깍지를, 콩깍지는 콩을 위하는 마음 하나로 살았다. 좋은 일은 함께 웃고 슬픈 일을 당하면 손을 맞잡았다. 특히 세 분 누님은 솜이불, 차렵이불, 삼베 이불이 되어 시와 때를 맞춰 따뜻하게 혹은 시원하게 나를 감싸 주었다.

계절에 맞춰 이불을 바꾸어 내릴 때마다 세 분 누님의 얼굴이 차례로 떠오른다. 온 식구가 이불 하나에 발을 묻어 해바라기꽃을 피웠던 한겨울 단칸방의 추억이 그립다. 큰 누님께서는 먼저 세상을 뜨셨지만, 남은 두 분은 오래도록 건강하시기를 바라는 마음 그지없다.

— 『수필세계』 2025. 봄호

실버들

실버들은 바람에 흔들린다. 아니 몸을 맡긴다. 버티고 서서 강다짐하지 않는다. 버티어 보았자, 바람에 몸을 맡겨 두는 것보다 중뿔나게 나을 것이 없다는 것을 세월과 더불어 터득했기 때문이다. 실버(silver)들 말이다.

얼마나 편하려고

"선생님, 아이들 소풍 가는데 왜 학교에서 점심을 준비해 주지 않나요?"
일 년에 한 번 가는 소풍 도시락을 학교에서 준비 안 하고 뭐 하느냐는 학모學母의 항의 전화다. 얼마나 편하려고?
금쪽같은 아이 입에 들어갈 도시락을 손톱 밑의 때만큼도 여기지 않는 선생더러 도대체 뭘 어쩌라고?

제2부

잎새 뜨기

> 잎새뜨기로 살아남을 확률을 셈하는 것은 별 의미가 없다. 빛과 어둠, 생과 사를 가를 수 있는 위급한 상황에서 벗어나기 위해 최선을 다하는 데 주목해야 한다. 그것은 자기애自己愛의 발로이며 생에 대한 애착이다.

- 잎새 뜨기
- 거미발
- 몽돌이 부르는 노래
- 갑질 공화국
- 이매의 반란
- 내살 세 근 반
- 성엣장
- 대보름 카페라떼
- 지부상소持斧上疏
- 삼부자 회동會同
- 그것도 모르나
- 마두금을 위하여

잎새뜨기

　잎새뜨기는 바다나 강에서 선박 전복 등 최악의 상황을 벗어나 생존하기 위한 수영법이다. 물에 반듯이 누운 채 팔을 머리 위로 길게 뻗은 다음, 공기를 많이 들이마시고 힘을 최대한 빼면 호흡이 가능하다. 이렇게 잎새뜨기 자세로 구조대가 올 때까지 골든 타임을 기다릴 수 있다.

　절체절명의 때에 이르면 동물도 잎새뜨기를 한다. 어린 바다사자가 해변에서 동무들과 노느라 한눈을 파는 바람에 범고래에게 붙잡혔다. 범고래는 잡은 바다사자를 곧바로 먹지 않고, 산채로 새끼들에게 던져준다. 새끼들은 바다사자를 물었다 뱉었다가 장난을 친다. 사냥놀이 겸 학습일 테다. 그러나 당하는 바다사자는 고통과 공포로 죽을 맛이다.

　계속되는 범고래들의 공격에 바다사자는 모든 걸 포기하고 움직임을 멈춘다. 미동도 하지 않고 바닷물 위에 부유하는 바다사자를 보고 범고래 새끼들은 흥미를 잃고 멀어져 간다. 바다사자로서는 엄청난 행운이다. 아마도 범고래들이 식사를 마친 후였나 보다. 한참을 꼼짝하지 않던 바다사자는 살그머니 눈을 떠서 주위를 살피다가 혼신의 힘을 다해 자기가 살던 해변을 향해 헤엄친다.

무사히 도착한 바다사자는 어깻숨을 거푸 쉬면서 자신이 도망쳐 온 바다 한 번 바라보고, 온몸에 난 상처 한 번 내려다보며 만감에 젖는다. 사지에서 벗어난 어린 바다사자는 오늘의 횡액을 전 생애를 걸쳐 가장 귀한 교훈으로 삼을 것이다. 이 소중한 경험에서 비롯한 삶의 의지로 성체로 자라나고 자손을 퍼뜨릴 것이다.

바다사자는 바다의 꼭대기, 물과 공기가 맞닿는 표면에서 동작을 멈추었다. 잎새뜨기를 하는 사람처럼 긴 호흡으로 자신의 폐에 한껏 공기를 들여 마셨을 테다. 그러고는 손과 발은 물론, 고개를 까닥 않고 호흡마저 멈추었다. 생과 사의 경계인 임사臨死에 이르러 영혼만 남겨두고 자기 육신을 바다에 내맡겼다. 살기 위해 발버둥 치지 않고 모든 걸 내려놓는 순간 생즉사生卽死 사즉생死卽生을 떠올렸는지도 모를 일이다.

잎새뜨기로 살아남을 확률을 셈하는 것은 별 의미가 없다. 빛과 어둠, 생과 사를 가를 수 있는 위급한 상황에서 벗어나기 위해 최선을 다하는 데 주목해야 한다. 그것은 자기애自己愛의 발로이며 생에 대한 애착이다.

인생도 마찬가지다. 자기가 하는 일이 옳다고 여길 때는 젖 먹던 힘까지 쏟아내어 매진해야 할 때가 없지 않다. 그런가 하면, 견디기 어려운 상황에 맞닥뜨리더라도 덤벙거리거나 아우성치기보다 차분히 견뎌야 할 때가 있다. 살려고 바둥거릴수록 심연深淵에 빠져든다.

바다사자의 삶에 대한 사랑에 못 미치는 인간들의 사례가 적지 않아 안타깝다. '이번 생은 틀렸다.'라면서 쉽게 자포자기하는 행태다. 그것은 바다사자의 잎새뜨기와는 결이 전혀 다르다. 바다사자의 행동에는 희망이 있지만, 자포자기하는 사람의 앞길에는 절망뿐이다. 그보다 더 비참한 일은 스스로 생을 마감해 버리는 것이다. 이거야말로 인간으로 세상에 태어난 최소한의 의무마저 망각한 무책임한 행태가 아닐 수 없다.

사주경계四周警戒에 실패하여 범고래에게 붙잡힌 바다사자와 같이 이 시대에 절망하는 젊은이들도 허물이 없지 않았으리. 그리하여 크고 작은 고통에 맞닥뜨렸을 때, 바다사자처럼 욕심을 버렸던가. 아니면, 그 어려움을 벗어나려고 몸부림쳐 본 적이 단 한 번이라도 있었던가를 생각해 보라. 있다고, 해 봤다고, 해 봐도 안 되더라고, 항변하는 그대에게 한 번 더 묻는다. 바다사자의 잎새뜨기처럼 냉철하게 기회를 기다리다가 해변을 향해 죽기 살기로 헤엄쳐 본 적이 정말로 있었던지를.

　울울창창한 숲에서 아름드리나무 한 그루를 베어 넘긴다. 나무는 혼자 쓰러지지 않는다. 넘어지지 않으려고 발버둥 친다. 나무가 넘어가며 주위에 멀쩡하게 서 있던 나무의 가지를 부러뜨린다. 심지어 작은 나무는 뿌리째 뽑아버리기도 한다. 애먼 나무가 벼락 맞는 꼴이다. 그대가 돌아보지 않으려고 애써 외면하는 그 자리에 숲속의 나무보다 많은 사람이 있다. 그대의 나약한 모습을 가까이에서 속수무책인 채로 안타깝게 바라보는 부모·형제·친구를 생각해 본 적이 있는가. 생명을 마치 비치볼 다루듯 하는 범고래의 무자비한 장난에 직면해서도 정신을 차리고 살아내는 바다사자의 자기애를 배워야 한다.

　그러는 나도 마냥 큰소리칠 형편은 아니다. 젊은 시절, 아직 바닥에 닿지 않았는데도 미리 겁을 집어먹고 아우성치며 살았다. 하찮은 경쟁이나 남들 입에 오르내리는 평판에도 목숨이 걸린 듯 매달렸던 적이 한두 번이 아니다. 나서야 할 때 비실거리며 물러서고, 구부려야 할 때 성급하게 튀어 올랐다. 그러나 미리 포기하고 남의 그림자에 숨어들지는 않았다. '퇴근해 들어오는 아비보다 손에 들린 치킨에 먼저 눈길을 빼앗기는 새끼들' 때문이라 변명하면서도 깨진 옹기 조각처럼 투박하게 살아냈다.

　이제는 그 새끼들도 제 삶을 찾아 모두 떠났다. 평형이다, 자유형이다 해서 오기 부려가며 물 튀기지 않아도 된다. 그렇다고 남은 생을 여적餘滴이라 하여 그냥 버릴 수는 없다. 인간의 행위에 의미를 부여하면 예술이 된다고 하지 않던가. 육신은 물 위에 부유浮游할지라도, 정신은 바닥으로 침잠沈潛해야 한다.

잎새뜨기로 살아내다가 바다사자 아닌, 검은 옷 입은 사자를 만나면 긴 숨 한 번 들이쉬었다가 그 손을 잡고 미련 없이 떠나리라.

거미발

파우치를 열었다. 한 손에 쏙 들어오는 녹색 벨벳 주머니. 네 모서리가 낡아 아른아른하고, 박인 금박마저 어느 금은방 상호인지 모를 만큼 흐릿하다.

지퍼를 열어보니 깨알만 한 다이아몬드가 들어 있는 금반지 두 개와 진주 반지 하나가 들어 있다. 아무리 장신구 욕심이 없는 아내이긴 하지만, 아무려면 가진 패물이 기껏 이것뿐이라니. 결혼 예물은 첫아이와 아내를 본가에 맡겼다가 다시 살림날 때, 일 년짜리 사글셋방 얻느라 모두 처분해 버렸다. 주머니에 남아 있는 반지 세 개는 한참 후에 무슨 기념일 같은 때 내가 다시 끼워 준 것들이다.

그런데 진주 반지는 알이 어디 달아나고 거미발만 남았다. 거미발은 반지나 장신구 따위에 보석이나 진주알을 박을 때 빠지지 않도록 감싸서 오그린 부분을 말한다. 진주가 빠지고 난 자리는 거미의 배가 말라붙은 듯 거무튀튀하다. 진주를 잡고 있을 때는 눈에 들어오지도 않았을 거미발의 존재가 새삼 두드러져 보인다.

파우치를 만지작거리는 나를 뒤늦게 발견한 아내는 진주가 빠진 걸 오래전부터 알고 있었는지 목석처럼 가만히 서 있다가 한마디 툭 던져 놓고 돌아선다.

"그거 인조진주야."

무춤해진 나 혼자 씁쓸하게 반지를 만지작거린다.

거미는 생긴 모양과 달리, 모성애가 매우 강하다. 겨울이 되면, 산란한 알 덩어리를 위장시키려고 갖은 노력을 기울인다. 몇몇 종은 수많은 새끼 거미를 업고 다니면서 돌본다고 한다. 염낭거미류는 갓 부화한 새끼에게 자기 몸을 먹이로 내주는 극단적인 모성애까지 발휘한다. 거미의 발도 생존과 사냥에 중요한 역할을 한다. 먹이를 사로잡고, 작은 갈고리와 털로 벽을 기어오르거나 천장에 거꾸로 매달릴 수 있다. 미세한 온도와 진동의 변화, 화학물질을 감지할 수 있다.

세상의 모든 어미가 자식을 위하는 힘은 거미발의 등인 둥근 링, 곧 영에서 나오는 게 아닌가 싶다. 영은 어느 수에다 곱해도 영(zero, 0)으로 만들어 버린다. 반면에 그 어떤 수의 뒤에 붙이면 그 수의 열 배, 백배, 천배를 만들 수 있다. 자기를 위해서는

0, 자식을 위해서는 무한대(∞)로 생산되는 사랑의 계산법이다.

불룩하던 거미의 배는 간데없고, 홀쭉한 거미발만 남은 반지의 허무한 모습을 보니, 새끼들이 모두 떠나간 빈 둥지처럼 허전하다. 그 위에 가족에게 가진 것을 다 내어 주고 빈 껍질만 남은 얼굴 하나가 겹쳐 보인다. 아내는 주머니에서 돈 냄새 나는 것을 못 견뎌 할 만큼 낭비벽 심한 신랑과 함께 사느라 힘들었지만, 강인한 거미발로 몸과 마음이 건강한 자식 둘을 품어 내었다. 남편의 박봉은 오로지 아이들의 양육과 남편 뒷바라지를 위해서만 지출했다. 정작 자신을 위해서는 아무것도 쓰지 않을 작정이었으니 어느 겨를에 장신구를 장만하며, 명품 가방인들 언감생심 꿈도 꾸지 않았을 테다. 나는 그런 알뜰한 아내를 두고 스크루지라고 놀리고, 때론 자린고비라고 몰아세웠다.

나이가 드니 아내나 나나 모임이 시나브로 줄어든다. 아내의 외출 준비는 오전에 달걀 한 개 풀어 얼굴에 펴 바르고, 밑 화장 조금에 루주를 바르면 끝이다. 평소 입성 그대로이니 구태여 보석 치레, 머리치장 할 필요를 느끼지 않는가 보다.

무릇, 모든 사람 더구나 여자는 과시욕까지는 아닐지라도 꾸밈에 대한 최소한의 욕구는 있게 마련이다. 그러나 아내는 원천적인 욕구조차 억눌러 가며 살았다. 두 아들 잘 키워 며느리들을 맞을 때도 혼수품으로 명품 가방, 보석 반지 말이 나오기 무섭게 한사코 손을 내저었다. 잘 입고 잘 차린 친구들이 많을 터인지라, 웬만하면 그런 데 마음을 둘 만도 하건만 오불관언吾不關焉이었다.

이렇듯 아내는 사치를 싫어하는 실용파처럼 보이지만, 딴은 그게 아닐지도 모를 일이다. 아내도 여자가 아니던가. 결혼기념일이나 생일날 내가 손을 끌고 백화점에 끌고 가거나, 하다못해 명품을 살만한 상품권을 손에 쥐어주었다면 마다했을까. 좋은 거 할 줄 모르는 사람이라고 아예 제쳐 두고, 돌아보지 않았던 내가 부끄럽다.

보석처럼 껴안고 애면글면 키운 자식들이 모두 떠나갔다. 거미발을 아래로 하여 화장대 바닥에 세워 본다. 거미발이 진주알을 물고 있을 때는 어림없지만, 진주알을 뺄고 나면 똑바로 설 수 있다. 자식들을 내려놓은 지가 십수 년째인 아내도 이제부터라도 제2의 삶을 즐겼으면 좋겠다. 텅 빈 거미발에 새살을 채워야 한다.

요즘처럼 밝고 좋은 세상에 빈둥지증후군에 빠진 것처럼 넋 놓고 앉아 있다는 게 말이 되는가. 텅 빈 마음을 채워 줄 형이상학적인 일이야 차차 생각하기로 하자. 우선 아내가 피부 마사지도 받고, 시내 유명 디자이너의 손길로 머리 손질을 받는 호사를 누리면 좋겠다. 도와달라고 떼쓰는 자식도 없으니 때깔 나는 옷에다 명품 가방을 들고 근사한 레스토랑에 드나들고, 해외여행도 다문다문 가도 좋겠다. 주머니 사정이 흥부네 박 터지듯 나아져서가 아니다. 아내가 긴 세월 애써 모아 둔 약간의 여윳돈이나마 자기를 위해 쓰라는 응원이다. 어차피 떠날 때는 자식들이 수의에 넣어주는 노자 몇 푼이 전부가 아니던가.

떡 본 김에 제사 지낸다고, 탈출한 진주알을 찾으러 백화점에 가야겠다. 쥐꼬리만큼 받는 연금조차 아끼려고 애면글면하는 아내 지갑 열리기는 애당초 기대난이다. 평생 아내에게 월급봉투 맡기고, 용돈 받아 쓰는 백수가 비상금을 터는 만용을 한번 부려 볼 밖에.

- 『수필미학』 2025. 봄호

몽돌이 부르는 노래

 철 지난 울산 주전해변이다. 초추初秋의 바다는 사색의 원천源泉으로 변주變奏한다. 파도와 바람과 몽돌이 사그락 촤~ 노래를 부른다. 몽돌은 암탉이 달걀을 품어 굴리듯이 스스로 제 몸을 굴려 도레미파솔라시도 음계를 만든다. 몽돌이 내는 소리는 크기와 모양에 따라 제각각의 무게가 있다. 튜바는 착 가라앉은 소리를 묵직하게 깔아 먼 곳까지 전달한다. 첼로는 굵은 소리, 바이올린은 가는 소리로 멜로디를 연주한다.
 나는 비치 오케스트라의 지휘자가 된다. 돌이 내는 소리에 맞춰 파도가 느리게 또는 빠르게, 조용하게 때로 웅장하게 박拍을 친다. 소금기 머금은 바람과 풀내 나는 산바람은 몽돌과 파도가 만든 멜로디와 박자 위에 소리의 무게를 조율하며 화음을 만든다. 장조와 단조를 수시로 바꾸어 가며 어디에도 치우치지 않게 조화로운 음악을 완성한다. 고저장단, 강과 약이 어느 한 군데 걸리는 데 없이 무한 되돌이표를 연주한다.

곡曲은 때로 뮤지컬이었다가 록이 되고, 베토벤이었다가 브람스가 된다. 파도는 중중모리였다가 금세 휘모리장단으로 돌변한다. 지휘하는 손끝에서, 몽돌과 파도와 바람이 내 마음과 하나가 된다.

주전 바닷가 연주의 관객은 방풍을 위해 둘러선 소나무와 노랑 바위, 샛돌 바위 등 웅장한 기암괴석이다. 소나무의 뾰족한 이파리 하나하나가 연주에 맞춰 파랑을 일으키며 환호한다. 기암괴석은 온몸에 뚫린 귀로 작은 소리 하나도 빠짐없이 걸러낸다. 낮에는 태양이 빨주노초파남보 색계로 조명을 뿌리는 사이사이 구름 빛 조리개로 밝기를 맞춘다. 밤이면 달과 별이 아스라이 가스등을 켜고, 얼쑹덜쑹 잠결에 졸다 깨다 든다.

몽돌은 억만 겁 세월 동안 기암괴석이 부서져 바위가 되었다가 다시 깨지고, 날카로워진 모서리를 갈아내어 작은 몽돌로 변신한다. 그 과정에서 누구를 탓하거나 눈을 흘기지 않고 자기에 맞는 소리를 만들어 낸다. 튜바가 나누어지면 트럼펫 두 개를 만들어 제소리를 내고, 첼로가 부서지면 바이올린 두 개로 합주에 동참한다. 해변을 찾아 굴러온 연주자를 곁불 보고 다가서는 길손에게 자리를 내어 주듯 두말없이 받아들인다. 그리고 그들과 더불어 새로운 선율, 화음과 박자로 조화를 이룬다.

지휘하던 두 팔을 슬그머니 내려놓고 잠시 귀를 막는다. 허리를 굽혀 알록달록한 몽돌 두 개를 주워 든다. 하나는 조약돌 만하고 다른 하나는 바둑돌 크기다. 둘 다 표면이 닳고 닳아 윤이 난다. 돌이 작아지면 소리는 여려지고, 박자도 느려진다. 이 조그만 몽돌은 천년 이후에 모래알이 되고 먼지가 되어 무화無化할 때까지 다른 소리를 내다가 이윽고 무색, 무음의 세계로 빠져들 것이다. 알록달록한 색깔도 일곱 색깔 무지개에서 삼원색으로, 다시 백에서 흑으로 무채색의 임계점을 향하다가 마침내 유야무야有耶無耶 흩어지고 말겠지.

내 안에 있는 무거운 바위들을 들여다본다. 나는 그것들을 얼마나 굴리고 다듬었나. 날카로운 모서리를 갈고 깎았다고 하기에는, 어설픈 흉내에 지나지 않았다. 오히려 날마다 인생을 가로막고 속박하는 바위를 원망하며 그보다 더 날 선 바위를 들여놓기에 바빴다. 작은 파도에도 파열음을 내기 일쑤였고, 그때마다 바위가 부서져 날카로움을 더했다. 급박急迫과 완만緩慢의 때를 따질 줄 몰랐다. 정의와 불의, 유익함과 해로움을 가리지 못하고 엄벙덤벙하느라 아무런 깃발 하나 세우지 못했다. 바람 부는 대로, 물결치는 대로, 소리 나는 대로, 줏대 없이 따라다녔다.

바닷가의 몽돌보다 적지 않은 내 안의 말들을 아무렇게나 굴려 많은 사람의 말들과 부딪혀 서로 부수고 깨어졌다. 타인의 말 하나하나를 소중히 받들지 못했고, 소리 하나하나를 귀하게 받아들이지 못했다. 순리를 벗어나면 억지 논리로 막아섰고, 부딪혀 깨어진 단면을 훈장인 양 여기는 만용도 서슴지 않았다. 깨어진 몽돌을 갈아 합주에 힘을 보태기는커녕 불협화음을 내고도 부끄러운 줄 몰랐다. 오욕五慾은 사십을 넘나들었고, 칠정七情은 칠십을 웃돌았다.

마음이 제멋대로 굴러 왁시글덕시글 하는 사이 머리카락은 시나브로 가늘어지고 하얗게 세었다. 내가 내는 소리가 부조화를 불러일으키는 줄도 모르면서 평생 달고 살았던 불협화음은 누구를 위한 것이었을까. 평생토록 내었던 불협화음들을 그러모아 모조리 저 바다에 빠뜨리고 싶다. 바둑돌보다 작은 몽돌이 제가 낼 수 있는 만큼의 소리로도 오케스트라의 일익을 담당하듯이, 조화로운 소리 한 소절을 늦게나마 보태고 싶다.

세파에 떠밀려 다니며 불협화음으로 점철된 삶을 몽돌이 비웃고 있다. 아니, 큰 소리보다 작은 소리를 내기가 더 어렵고, 침묵하기는 그보다 백 배, 천 배 더 어렵다는 것을 가르쳐 준다. 저희끼리 제멋에 겨워 노래하고 춤추는 것을 내가 지휘하는 손가락에 맞추어 연주한다는 착각에 빠져들 만큼 아직도 아둔하다.

다시 귀를 연다. 사그락 촤~ 사그락 촤~ 몽돌 뒤척이는 소리가 들린다. 몽돌은 가없는 바다를 품고 살아서인지 나같이 쪼잔한 사람과는 노는 품이 다르다. 서로 앞자리를 차지하려고 애면글면하지 않는다. 큰 돌, 작은 돌 따위로 편을 갈라가며 싸우지 않는다. 높다고 나대지 않고, 잘 생겼다고 우쭐대지 않는다. 언제부터 그 자리를 차지했는지 알려고도 하지 않고, 제 누운 자리가 꽃자리인 줄 안다. 그저 파도가 치면 치는 대로, 바람이 불면 부는 대로 몸을 맡겨 은근슬쩍 한번 뒤척이고는 안 그런 척 생까는 게 전부다. 외딴섬에서 살다가 주전을 찾은 물색 모르는 괭이갈매기가 갈고리발톱으로 몽돌을 헤집어 놓아도 그뿐, 어깨 한번 추스르면 그만이다.

 몽돌이 제자리에서 천 년 동안 제 몸을 부수고 다듬었듯이 나의 시간도 내 아버지한테서 와서 내 아들로, 또 손자로 이어진다. 내가 못다 부른 노래를 그들이 이어주기를 바라면서, 아까부터 손에 쥐고 있던 몽돌 두 개를 차례로 내려놓는다.

- 『좋은수필』 2024. 11월호

갑질 공화국

갑질의 사전적 의미는 '상대적으로 우위에 있는 자가 상대방에게 오만무례하게 행동하거나 이래라저래라하며 제멋대로 구는 짓'이다.

어느 비행기 회사 재벌 자녀는 땅콩 회항 사건으로 망신당했다. 동네 졸부들의 행태도 이에 못지않다. 백화점 주차장 아르바이트생을 혼내고, 점원 뺨을 치고, 심지어는 무릎까지 꿇린다. 갑질은 부유하거나 권력 있는 사람의 전유물이 아니다. 다른 사람의 갑질을 보거나 들으면, 분기탱천하며 비난하는 사람마저 알게 모르게 갑질이 몸에 배어 있다. 문제는 자기의 행동이 갑질인 줄 모른다는 거다.

옛날에는 셋방 사는 사람에게 부리는 집주인의 갑질이 단편 소설의 단골 소재였다. 요즘은 시장이나 마트, 식당에서 주인에게 다짜고짜 하대하거나 정도를 넘어선 친절을 강요한다. 학부모는 선생님을 제가 고용한 육아도우미로 착각한 듯 온갖 무리한 요구를 일삼는다. 나이 들었다고 나은 것도 아니다. 지하철에서 자리를 양보해 준 젊은이에게 고맙다는 말 한마디 하기가 그리 어려운가. 어쩌다 경로석에 잠시 앉은 피곤한 젊은이에게 마치 맡겨 놓은 물건을 빼앗긴 것처럼 욕설을 섞어가며 호통친다.

우리 관리비로 월급을 주니, 내가 상전이다? 내가 내는 세금으로 봉급 받는 공무원이니까 하인 부리듯 해도 된다? 종업원은 손님인 나를 왕처럼 모셔라? 지나가는 개가 코웃음 칠 소리다. 이런 마음속에는 쓰레기 같은 과시욕만 가득 차 있어서 있는 체, 아는 체, 힘 있는 체를 시도 때도 없이 울컥울컥 토해 낸다. 그들 가족·친지 중에는 공무원, 가게를 운영하는 분이 정녕 없단 말인가.

콜센터 직원에게 온종일 늘어 붙어서 욕지거리하거나 관공서에서 상습적으로 행패를 부리는 행위는 갑질을 넘은 범죄이다. 이런 사람들에게 인권 운운하며 처벌을 머뭇거리는 사이, 애꿎은 사람을 사지로 내몬 경우가 한두 번이 아니다.

한가위 저녁에 휘영청 뜬 슈퍼문에 갑질 없는 세상을 만들어 달라고 빌었다. 은연중에 드러나는 예의 바른 행동 하나, 품위 있는 온화한 말 한마디가 아쉽다. 출입문을 드나들 때 뒷사람을 위해 잠시 잠깐 잡아 주는 앞사람께, 마트에서 계산하는 분께 고맙다고 눈인사하는 것을 주머니에 든 용돈 아끼듯 하면 안 된다. 내가 먼저 건넨 따뜻한 말 한마디가 갑질 없는 세상을 만드는 밑거름이다.

 가을 들녘에 나가 올여름 홍수와 태풍을 이겨낸 황금 들판의 벼 이삭을 보자. 우리 모두 익을수록 고개 숙이고 역지사지易地思之하는 가을이 되면 좋겠다.

― 〈남구사랑〉 2023. 가을호

이매의 반란

서울로 떠나는 문우님과 이별 여행길에 하회마을을 들리기로 했다.

무심코 튼 라디오에서는 택배기사님들의 시위를 보도하고 있다. 코로나 때문에 늘어난 업무로 과로사가 이어지는 데 따른 대책을 촉구한다는 내용이다. 걱정 반, 격려 반이 섞인 불편한 심기를 차창 밖으로 애써 날려 보낸다.

잘 정돈된 하회별신굿탈놀이 공연장에 일행이 자리를 잡고 앉자 탈놀이 마당이 이어진다. 양반선비 마당에 이르자 이매가 턱없는 탈을 쓰고 절뚝거리며 놀이마당에 들어선다. 이매가 쓰는 탈은 현존하는 9개 탈 중에서 유일하게 턱이 없다. 턱이 없는 관계로 이매의 표정이 천변만화로 변한다. 때 묻은 무명바지저고리를 걸쳤으나 불퉁한 배 한복판에 자리한 배꼽은 세상 구경

하느라 어지럽다.

하회별신굿탈놀이는 다섯 마당으로 구성하는데 들머리에 탈놀이 마당을 정화하는 주지마당을 시작으로 백정마당, 할미 마당, 중 마당, 양반선비 마당 등이다. 탈을 쓰고 놀이마당에 나서면 평상시에는 어림도 없던 신랄한 비판과 풍자가 받아들여졌다. 탈놀이를 하는 하루만큼은 폐쇄된 공간일망정 그들의 삶을 피폐하게 만드는 양반과 선비로 통칭되는 지배 계층에게 맞설 수 있었다. 탈은 이를 가능하게 하는 소통의 매개물로 놀이패뿐만 아니라, 구경꾼에게도 카타르시스를 제공했다.

탈놀이에 등장하는 이매, 할미, 백정, 초랭이, 각시와 부네는 모두 가난하고 핍박받는 하층민이었다. 그러나 그들은 반촌班村의 그늘에서 소작을 부쳐 먹거나 담살이를 할지언정 사실은 양반들 보호하고 돌보는 존재였다. 여름에는 양반이나 선비들을 대신하여 농사를 짓고, 겨울에는 장작을 패고 군불을 지폈다.

권력자들은 그러한 사실을 누구보다 잘 알고 있었기 때문에 단 하루만이라도 그들의 노고를 위로하기 위해서 스스로 조롱받는 상대가 되기로 자처하지 않았을까. 그래서 하회마을 남촌댁, 북촌 댁에서 놀이패를 초청하고 경비를 지원했다. 그러나 탈놀이 마당을 벗어난 바깥세상에서는 양반과 선비는 민초들을 수탈과 착취의 대상으로 삼았다.

양반이나 선비는 그들이 닦고 배운 학문을 바탕으로 세상을 바로 세우고 백성을 보살펴 주겠다는 야망을 갖고 있었지만, 그것은 어디까지나 자기네가 잘 살고 난 다음의 일이었다. 입신양명이 우선이었고 백성의 삶을 향상시키는 치국과 평천하는 그다음 차례에나 생각해 볼 문제였다.

놀이마당에 빠져드는 가운데 탈놀이 상황과 코로나바이러스 때문에 누구 할 것 없이 탈(mask; 가면)을 쓰고 다니는 우리의 일상이 묘하게 겹쳐 보인다. 극심한 고통 속에서도 한국의 방역이 대체로 성공을 거두고 있다는 것이 세계적인 평가다. 그 이유를 살펴보면 수준 높은 시민의식을 첫손가락으로 꼽을 수 있을 것이다. 온 국민은 방역 지침을 준수하고 마스크 없이는 집 밖으로 나갈 엄두를 내지 않았다.

그다음으로는 방역 기관과 의사, 간호사와 같은 지킴이들의 노력이 컸다. 요양원이 코호트 격리되었을 때, 멀쩡한 간호사와 요양사도 자기 가정을 뒤로 한 채 환자들이나 어르신과 함께 지내며 지킴이의 의무를 다했다. 제대로 된 방호복도 없이 자신들의 의무를 다한 119구급대원, 집밖에 한 걸음도 못 나가고 격리된 사람들에게 생필품을 조달해 준 공무원의 뒷받침이 있었다.

바이러스 상황에서 비대면으로 일 년 넘게 지탱할 수 있었던 것은 많은 돌보미의 봉사와 희생이 큰 몫을 했다. 특히 택배 배달원이 아침저녁, 심지어 새벽까지 출입문 바로 앞까지 생필품을 배달해 주지 않았다면 불가능한 일이었다. 배달 오토바이는 비가 오고 눈이 와도 멈추지 않았다. 그들의 노력을 생계려니 폄훼하거나 가벼이 보아서는 안 된다. 그들의 활동으로 전국의 소상공인들이 그나마 버틸 수 있었다.

그런데도 일반 국민들은 그 옛날 양반이나 선비들의 행태처럼 지킴이와 돌보미들에게 함부로 대하는 일이 적지 않았다. 배달이 조금만 지연되면 과하게 항의했다. 콜센터에서 집단 감염이 발생했을 때는 다닥다닥 붙어 앉아 일해야 하는 직원들을 위로하기는커녕 원망하고 백안시했다.

돌보미는 무쇠로 만든 로봇이 아니다. 바이러스가 오기 전에도, 온 다음에도 그들은 우리보다 가난하고 연약한 존재였다. 그들을 어루만져 주기는커녕 갑질과 무시로 그들의 사기를 떨어뜨린 적이 한두 번이 아니었다. 그들에게 희생만 강요해서는 안 될 일이다. '고객은 왕이다!'라는 어쭙잖은 구호를 도깨비방망이나 되는 것처럼 휘두르는 행태는 코로나 이후의 세상에서는 없어야 한다.

양반들의 횡포에 화난 민초들이 탈놀이를 끝내고 마을 어귀에 둘러앉아 막걸리를 마시며 뒤풀이하는 상상을 해본다. 내일이면 다시 양반님들의 수탈과 핍박에 시달릴 신세가 가련하다고 한탄하는 초랭이의 말을 이매가 중동무이로 꺾고 나선다. 이매가 폐쇄 공간인 탈놀이 마당에서 일상의 열린 공간으로 돌아가기를 거부하자고 반란의 깃발을 흔들고 나서면 어떻게 될까.

민초의 도움 없이는 단 하루도 삶을 영위하지 못하는 허약하고 무능한 양반들의 허세가 단박에 드러날 것이다.

만에 하나 돌보미들이 감염되거나 과로로 드러눕게 되는 상황이 바로 이매의 반란이다. 그렇게 되면 국민의 일상 파괴는 말할 나위도 없거니와 가장만 바라보고 있는 남은 가족은 어찌 될 것인가. 어두운 곳에서 돌보미가 울고 있다면, 밝은 곳으로 데리고 나와 일으켜 세우고 돌봐 주어야 한다. 그들 역시 우리와 똑같은, 아니 우리보다 세밀한 돌봄이 필요하다. 그들이 건강해야 내가 건강하다. 마스크를 귀에 걸고 일 년 넘게 살아 보니, 마스크 벗고 살 세상에서도 부끄럽지 않게 생각을 바꾸고 나를 가꾸어야 함을 알겠다.

하회별신굿탈놀이의 마지막 순서인 양반선비 마당이 끝난다. 공연자들과 연주자들이 모두 놀이마당에 나와 손에 손을 잡고 인사를 건넨다. 구경꾼도 함께 마당에 들어서서 모두의 미래를 위해 원무를 춘다. 탈놀이 마당은 지배층과 피지배층 간의 간극이나 갈등, 대립 관계를 청산하고 화합과 상생을 위해 노력하는 마당으로 승화한다.

온 세상이 코로나바이러스로 탈이 나도 단단히 났다. 하회별신굿탈놀이는 정초에 시작하여 정월 보름이면 섬*에다 탈을 보관하고 축제를 접지만, 코로나 탈놀이는 언제 끝날지 기약이 없어서 안타깝다. 아무쪼록 물먹은 솜처럼 무겁게 처져 버린 국민이 손에 손을 맞잡고 어우렁더우렁 춤추는 날이 하루빨리 오기를 빈다.

이제 일행은 놀이마당에서 마스크를 쓰고 살아야 하는 열린 공간으로 나가야 한다. 바이러스가 물러간 세상에서는 홀로 울며 절뚝거리는 이매가 반란을 일으키는 일이 없었으면 하는 염원을 새기느라 가슴이 먹먹하다.

* 섬 : 짚으로 엮어서 만든 자루

— 『수필사랑』 2021. 33호

내살 세 근 반

살이 빠졌다. 두어 달 전부터 컨디션이 좋지 않아 검사겸사 종합검진을 받았다. 갖은 검사가 이어졌다. 금식에다 긴장한 탓인지 몸무게가 2kg 남짓 줄었다. 비만인이 들으면 웬 떡이냐 싶겠지만, 원래 평균에 겨우 턱을 걸어놓았던 체중인지라 그 만만 빠져도 얼굴이 까칠할 지경에 이르렀다. 검진 결과, 주치의는 단호한 표정으로 금주령을 내리면서 몇 가지 주의를 덧붙였다.

핼쑥해진 얼굴에 놀란 아내는 고기반찬을 해대느라 정신이 없다. 나이 들어 여간 귀찮지 않을 텐데도 부지런히 동네 마트를 들락거린다. 가까이 사는 큰며느리는 별식을 만들어 아침저녁으로 들이댄다. 포항 사는 둘째에게도 연락이 닿았는지 전복에 조기, 자연산 미역을 바리바리 들고 왔다. 두 식구 먹을 만큼만 품고 있던 홀쭉한 냉장고 배가 갑자기 불룩해졌다.

아무리 먹어도 한번 줄어든 체중은 한 달이 지나도록 요지부동이다. 내려갈 때는 두어 주 만에 급락 직하하더니 삼시 세끼는 물론, 간식에 야식까지 챙겨도 소용이 없다. 나이 들면 어느 정도 몸피를 유지해야 한다던데, 슬그머니 겁이 난다. 아들이 의사고 며느리가 약사면 무슨 소용이 있나. 체중계에 올라설 때마다 가슴이 두근두근한다.

"아버님, 연세가 드셔서 금방 회복이 안 돼요. 맛난 것 많이 드세요. 뭐 드시고 싶은 것 있으면 말씀하세요. 제가 자주 들를게요."

조급증을 내는 내 마음을 읽은 며느리가 바치는 귀에 단 말에도 고개를 끄덕이지 못하겠다.

금식에, 지병인 당뇨에다 나이 탓까지 더해보아도 내린 살이 좀처럼 오르지 않는 까닭이 석연치 않다. 곰곰이 생각해 보니, 이마를 '탁' 칠 만한 이유가 따로 있었다. 일주일에 서너 번 이어지던 저녁 술자리가 사라진 탓이 큰 게다. 적당한 음주는 몸에 나쁘지 않다는 말 뒤에 숨어 시작하는 술자리는 이튿날 숙취로 이어지는 과음으로 마무리되기 일쑤였다. 열량 많은 소주에, 기름진 안주까지 곁들인 엄청난 영양분을 집밥 하나로 어찌 감당하리.

검진 이후, 만나면 술자리가 벌어지는 저녁 모임은 물론 개별적으로 지인을 만나는 일도 되도록 피한다. 술을 금하라는 주치의의 권고도 권고려니와 속내는 따로 있다. 만나는 사람마다 한 두 마디씩 아무런 의미 없이 툭툭 건네는 인사말이 여간 성가신 게 아니어서다.

"얼굴이 좀 야위었네요?"

"안색이 안 좋아 보입니다."

"어디 편찮으십니까?"

그들은 사라진 내살 세 근 반의 행방을 추적하기 위해 갖은 유도신문과 넘겨짚기로 눈을 반짝인다. 그분들이 언제부터 내 건강에 이토록 관심을 두었는지 고개가 갸우뚱거려진다.

그중에는 진심 어린 격려가 묻어있는가 하면, 연민의 표정이 엿보이기도 한다. 신의 한 수 같은 약방문도 이어졌다. 살을 올리려면, 완전식품인 달걀을 하루에 3개씩 먹어 보시라. 매일 운동이나 등산을 해 보는 게 어떠세요. 술 좀 줄이세요. 스트레스 받지 마세요. 온 얼굴에 걱정과 염려의 표정을 한가득 안고 갖가지 처방을 내려 준다. 그 중의 압권은 뭐니 뭐니 해도 이 말이었다.

"수필 그만 쓰세요!"

그분들이 들으면 섭섭하겠지만, 말치레에 지나지 않는 몇몇 격려나 위로는 진정성 없는 얄팍한 건너다봄, 호기심의 등짝에 올라탄 엿봄 이상으로 다가오지 않는다. 가벼운 말끝이 소낙비에 잠시 젖었다가 쨍하고 말라버린 웅덩이처럼 허허롭다. 이렇듯 만나서 인사하는 사람 앞앞이 별일 아니라고, 걱정해 줘서 고맙다며 손을 부여잡고 말하는 것이 거북해서 꼭 필요한 자리가 아니면 나가지 않았다.

그런데 내가 먼저 연락하지 않으니까, 하루돌이로 이어지던 모임이나 행사가 물꼬 터진 눈물처럼 줄어든다. 평소에 내가 핸드폰 키패드 번호를 누르는 것보다 벨 울려 받는 경우가 훨씬 드물었다는 방증이다. 금주령에 묶인 나를 제쳐두고 저희끼리만 홀짝거리는 짓거리가 눈앞에 어른거린다. 금주의 당위성과 연락 끊긴 서운함으로 범벅이 된 회오리바람이 가슴 속에 이는 것은 또 무슨 심사인가. 없는 놈이 잘 삐치듯이, 앵 돌아서는 까칠한 마음이 나도 모르게 불쑥불쑥 솟구친다. 삶이 석양에 기운 이즈음에도 찻잔 속의 작은 일렁임에 이리저리 흔들리는 소아*를 붙들어 맬 방법이 없다.

하기야 말이 그렇다는 말이지, 내살 세 근 반 내린 소소한 일까지 신경 써 주는 친구가 이리 많은 것을 보면, 그리 야박하게 살지는 않았노라 위안 삼는 차에 누가 이런 문자를 보내왔다.

"의사 약사 있는 집 어른 꼬락서니가 그게 뭐요. 우리 사이에 서로 걱정 끼치지 맙시다."

본 자리에서 바로 키패드를 눌렀다.

"이만 나이에, 허리춤에 달고 다니는 호리병 하나 없이 팔팔한 것도 가관 아니겠소."

입술로 스치듯 하는 말과 가슴으로 오가는 말은 이렇게 무게가 다르다.

그나저나 도망간 내살 세 근 반은 언제쯤 되찾아 이런 웃기지도 않는 마음의 난리 통을 잠재울거나.

*소아小我: 진실도 없고 자제력도 없이 개인적인 욕망과 망집에 사로 잡힌 나.

— 『수필오디세이』 2024. 제15호

성엣장

　시간의 물결을 거슬러 매화 구경 간다. 강변에 난 십 여리 옛 벼랑길을 따라 물금읍에서 원동까지 가는 봄맞이 걸음이다. 왼손 편에 펼쳐진 낙동의 마지막 물길은 천 리를 살아온 한숨을 내려놓고 가는 듯 마는 듯 유장하다. 논 두어 마지기 넓이의 성엣장(부빙; 浮氷)이 산 그늘진 물굽이에서 떠나는 겨울을 붙잡으려고 발버둥이친다.

　무심하게 떠 있는 성엣장에 눈이 묶여 시선을 쉽게 거둘 수가 없다. 영하의 눈금이 가슴을 헤집고 파고들면, 강물의 알갱이들은 차가움을 이겨 내려고 팔을 벌려 서로 포옹하기 시작한다. 그러나 계곡이나 개울을 빠르게 지나치는 물은 얼지 않는다. 천천히 흐르는 하류가 오히려 얼기 쉽다.

　인생과 세월의 궤적도 강물 같지 아니한가. 젊어서는 몸과 마음이 물처럼 유연하지만 늙어 가면서 바늘 모양, 꽃 모양의 육각六角을 제 깜냥대로 곧추세우고 딱딱해진다. 이렇듯 성엣장 한 장도 예사로 볼일이 아니다.

일행을 앞서 보내고 강녘에 앉아 잠시 내려다보고 있자니 청둥오리들이 떼 지어 헤엄치고 있다. 그 바람에 반짝이던 물비늘이 파르르 부서진다. 노르웨이의 시인 울라브 하우게는 '피오르드에 얼음이 얼면 새들이 날아와 앉는다.'라고 노래했다. 하지만 청둥오리는 시린 발끝 한 자락 올려놓으라 내미는 성엣장의 하얀 손바닥을 외면하고 곤곤한 발헤엄의 수고를 마다하지 않는다.

청둥오리가 호의를 뿌리치는 이유는 남에게 의지해서 쉬는 삶을 용납할 수 없다는 고집 때문이다. 비와 천둥을 지배하고, 인간계와 신의 영역을 넘나드는 신조神鳥의 날개는 노력 없는 대가를 바라지 않는 고결함의 상징이다. 청둥오리는 성엣장더러 '가기 싫다고 억지 부리지 말고 물결 따라 흘러가라.'고 한마디하고 벽공碧空을 향해 후드득 날아오른다. 일순간, 잔잔하던 강물의 흐름이 산산이 깨어진다. 성엣장과 청둥오리가 주고받는 농밀한 대화를 엿듣다 보니 며칠 전 장면이 눈에 겹쳐 어른거린다.

오랜 지기를 만나려고 커피점에 들렀다. 밖이 훤히 내다보이는 이 층 창가 의자가 비어있었다. 이런 자리는 흔히 노트북을 펼쳐놓고 공부하는 젊은이 차지였기에 꼭 남의 물건을 도둑

질하는 것처럼 눈치가 보였다. 자리에 앉아 통유리창 너머 보이는 포도鋪道를 가득 메운 사람의 물결, 까만 머리 젊은이들의 출렁임이 마치 군무처럼 활기차고 조화로웠다. 그 가운데 만나기로 약속한 지인이 보였다. 고된 그물질을 마친, 머리가 허연 백수어부白首漁夫가 빛바랜 나뭇잎처럼 일렁거렸다. 흐름의 균형을 깨뜨리며 검은 머리 사이에 떠도는 하얀 점 하나가 마치 강물 위에 떠 있는 성엣장 같았다.

마주 앉아 들려주는 그의 이야기는 더욱 우울했다. 금융위기 때 파산하고 이혼했던 아내와 몇 년 전에 어렵사리 재결합하였으나 다시 헤어졌다고 남의 말 하듯 담담하게 전했다. 원룸을 하나 얻어 혼자 끓여 먹고 산다고 했다. 많지 않은 국민연금과 노인 일자리 지원금으로 빠듯한 살림이 가능한 것을 다행으로 여긴단다. 부스스한 얼굴 위에 밝은 조명이 무색하리만치 짙은 그늘을 드리웠다. 애써 지어 보이던 그의 미소가 이내 일그러졌다.

아내에게 버림받은 백수어부나 자식 출가시키고 아내와 단둘이 사는 나나 허허롭기는 오십 보 백 보다. 정년퇴직 후에 간간이 찾던 동료들의 전화가 동짓달 땡볕 줄듯이 뜸해지고 바깥 출입이 잦아든다. 책을 읽으려 하나 눈은 침침하고 활자가 덕수배기를 넘는 바람에 애꿎은 안경만 당겼다 밀었다 하는 처지다. 어느새 우리는 세월의 강에 떠밀려 젊음이 넘치는 번화가보다

고즈넉한 뒤안길이 어울리는 아웃사이더가 되어 버렸다.

돌이켜 보면, 나도 첩첩의 산을 넘고 골골을 헤집어 가며 드넓은 낙동강 하류에 이르렀다. 가난한 집안 형편에 대학 진학은 언감생심 꿈도 꾸지 못했다. 공업학교를 졸업하고 회사에 취직했다. 고향에서 야간에 군 복무를 하면서 낮에는 2년제 대학을 마쳤다. 결혼하고 잘 다니던 직장을 그만두고 4년제 대학에 편입했으나 그것으로 공부는 그만이었다. 자라는 아이 때문에 학업을 포기하고 다시 취직하기에 이르렀다.

지난 세월 동안 나름의 꿈을 실현하기 위해 애썼던 고통, 번민, 외로움으로 점철된 젊음과 맞바꾼 작은 종이배를 타고 위태위태 흘러왔다. 이제 고생은 끝이라 여기지만, 얼마 남지 않은 인생에 또 어떤 고난이 얼마나 다가올지 알 수 없다.

물은 중력 법칙에 따라 아래로 흐르면서 수많은 생명을 낳고, 키우고, 사멸하는 과정을 끊임없이 품었다가 내뱉는다. 풍랑이 이는데 물거품이 일지 않으랴. 우리네 삶도 천변만화千變萬化, 끓었다 식었다 정해진 것이 없다. 성엣장이 깍지 낀 육각형 손을 풀고 흩어져 마침내 강물로 회귀하는 것처럼 나도 언젠가 모든 관계의 사슬을 하나씩 끊고 비강비해非江非海가 되어 사라지겠지. 그릇이 깨어져 봐야 그 안에 든 것이 소중하다는 것을 알게 되는 것처럼 머리에 서리가 하얗게 내려앉은 지금에 이르러서야 허랑허랑 보내버린 시간을 아쉬워한다. 자꾸 뒤돌아보지만,

아름다운 자취가 남아있을 리 만무하다. 그렇다고 애달프다 넋 놓고 앉아 있을 수는 없지 않은가.

언틀먼틀한 생生의 바닥을 핥으며 흐를지언정 타의의 물결에 떠밀려가지 않으려면 태초의 순수로 돌아가야 한다. 아직도 껴안고 있는 슬픔 하나, 끝내 삭이지 못한 앙금 한 조각마저 내려놓고 깜깜한 미려尾閭* 속으로 후회 없이 가리라 어금니를 앙다문다.

성엣장은 제 의지와 달리 하염없이 흐르는데, 매화는 낙동 물길을 거슬러 올라가며 핀다. 아직 차가운 공기를 머금은 봄바람에 몸을 맡긴 마른 수숫대의 사운거리는 소리가 귀에 곱다. 앞서가던 친구들이 가짓빛 소매를 흔들며 어서 오라 손짓한다. 그래, 오늘은 겨울잠에 빠져 있는 윗동네에 봄소식을 전해야겠다.

*미려 : 장자 외편 추수 편에 나오는 말로 모든 내천들이 모이는 어귀이자, 모든 물이 빠져나가는 구멍.

— 『선수필』 2021. 겨울호

대보름 카페라테

　지인들과 반주를 곁들인 저녁을 먹고 카페에 들어갔다. 꽤 알려진 커피점이다. 요즘 카페 2층은 젊은이들이 차지하고, 1층에는 커피 만드는 곳과 탁자 몇 개만 두고 나이 많은 사람들이 앉은 걸로 정형화되고 있다. 여기라고 다를 바 없다. 공연히 젊은이들 틈에 끼어 눈치를 보느니, 분위기는 휑하지만 오르내리는 불편함 없는 1층 구석에 자리를 잡았다.
　나이가 나이인지라, 지인들은 카페인이 안 든 허브차 위주로 시키고 나만 카페라테를 주문했다. 잠시 후, 지인이 가서 주문한 음료를 받아 왔다. 그런데 내 앞에 놓인 카페라테를 보니, 표면에 올려져 있어야 할 하얀 하트나 나뭇잎 무늬가 없다. 커피 위의 라테아트로 바리스타의 솜씨와 정성을 알 수 있는데, 우유가 그냥 둥글게 퍼져 있다. 여기는 별로, 라고 마음을 내려놓는 차에 문득 조금 전 식당에서 오늘이 대보름인데 부름을 깨었느니, 나는 구경도 못 했다느니 하던 게 생각났다.

"여기에 하트가 없네. 항의하러 가야겠네." 하며 잔을 들고 벌떡 일어섰다. 평소와 다르게 웬 객기인가 하고, 일행은 우려 섞인 눈초리로 올려다보았다.

"아니, 재미난 생각이 나서 그러니 걱정하시지 말게."

계산대 앞으로 가서 점장으로 보이는 젊은이에게 내 잔을 내밀며 말했다.

"여기 하트나 나뭇잎 무늬가 없네요."

"우리 점(店)에서는 라테아트 안 하는 것을 방침으로 하고 있어요."

머리 허연 할아버지가 무언가 꼰대 짓을 하려는 게 아닌가, 지레 겁먹은 점장이 방패막이하려 든다. 그 옆에 있던 아르바이트생도 하던 일을 멈추고 불안한 눈초리로 건너다본다.

"무늬 없이 내는 게 이 집 방침이라고요?"

"예"

대답하는 점장의 말꼬리가 슬며시 말린다.

"아니, 여기 예쁜 라테아트가 있는데 무슨 말씀이신가?"

점장과 아르바이트생은 내가 내민 잔과 내 얼굴을 번갈아 보며 눈만 끔벅인다.

"여기 동그랗게 그린 하얀 무늬가 보름달을 표현한 것 아니에요?"

"예?"

"나는 오늘이 대보름이라, 이렇게 둥근 달로 라테아트를 장식한 바리스타의 낭만을 칭찬하려는 거라고요."

점장과 아르바이트생은 그제야 나의 장난을 눈치채고 얼굴을 활짝 펴고 웃는다.

자리로 돌아온 나에게 일행이 묻는다.

"무슨 말을 했는데 종업원들이 바짝 얼어 있다가 금방 배시시 웃나?"

일행에게 보름달 카페라테 이야기를 들려주었더니, 싱거운 사람이라고 나에게 손가락질하면서도 한바탕 크게 웃었다. 웃을 일 없는 요즘.

지부상소持斧上疏

 연전에 이리저리 정당을 옮겨 다니던 철새 정객이 국회의원 공천을 받지 못했다고 도끼를 들고 나서는 것을 보았다. 한 떼의 노인들이 국민연금 수급 문제를 해결하라면서 도끼를 들고 소란을 피우기도 했다. 지부상소의 참뜻도 모르고 숭고한 정신을 훼손하는 그들을 보고 있노라니 참으로 부끄러웠다.

 연둣빛 봄기운에 이끌려 낙동서원에 들어서니 제주가 원산인 왕벚나무 한 그루가 위풍당당하게 서 있다. 담 밖에 지천으로 널려 있는 왜색기 넘치는 벚꽃과는 비교가 되지 않을 만큼 몽글몽글한 꽃숭어리가 크고 탐스럽다.

 서원의 중심에 배향된 우탁禹倬 선생은 동방 성리학의 시조라고 일컬어지거니와, 충선왕의 패륜을 서릿발 같은 기개로 꾸짖은 것으로 잘 알려져 있다. 충선왕이 부왕의 후궁인 숙창비와 부적절한 관계를 맺자 거적때기 위에서 흰 옷차림으로 도끼 한 자루를 들고 간하여 잘못을 뉘우치게 했다. 이것이 우리나라 역사에서 처음 나오는 지부상소持斧上疏이다. 지부상소는 말 그대로 도끼를 들고 상소를 올리는 것인데, 상소한 내용이 틀리거나 받아들여지지 않으면 자신의 머리를 도끼로 내려치라는 강경한 의미가 담겨 있다.

지부상소라면, 중봉中峯 조헌 선생을 떠올리지 않을 수 없다. 기록으로 남은 몇 마디로 영웅의 깊은 속을 어찌 다 알 수 있을까. 열 배가 넘는 왜적을 맞아 허허벌판에다 진을 치면 곧바로 죽음이라는 것을 병법을 읽은 중봉이 어찌 몰랐으랴.

금산전투는 중봉과 칠백의사의 목숨을 하늘에 올린 피의 지부상소였다. '義'자가 아로새겨진 붉은 깃발과 칠백 개의 도끼와 장검을 곧추세우고 수리치재 아래에서 적을 막아섰다. 왜적은 3대三隊로 나누어 학익진을 펼치며 쳐들어왔다. 중봉과 칠백의사는 학의 날개를 딛고 하늘로 올라가 누란의 조선을 지켜달라고 아뢰고 또 아뢰었다. 그들의 애끓는 지부상소가 기어코 받아들여져 마침내 호남과 이순신의 전라좌수영을 지켜낼 수 있었다. 이러한 내 생각이 헛된 망상만은 아닐 것이다.

임진왜란 일 년 전, 일본의 도요토미 히데요시가 겐소를 사신으로 보내 명나라를 치겠으니 조선에 길을 빌려달라고 했다. 그때 중봉은 도끼를 들고 엎드려 사신을 처단해야 한다고 부르짖었다. 사흘이 지나도 비답批答이 없자 대궐의 주춧돌에 머리를 찧어 선혈이 낭자했다.

중봉은 2년 전에도, 조정의 폐단을 지적하고 왜란을 예견하는 지부상소를 한 적이 있었다. 선조는 중봉의 열다섯 가지 대비책 가운데 단 한 가지도 받아들이지 않았다. 오히려 두 차례 모두 귀양 보내는 것으로 답했다.

중봉은 우탁의 충정을 받아들인 충선왕과 달리, 자기의 뜻을 가납嘉納하지 않은 선조에 대해 안타까움을 토로하는 시 한 수를 남겼다.

　　　　麗君曾不畏天威　　禹子深思補袞衣
　　　　伏藁危言驚一世　　莖心莫何悟前非

　　고려는 일찍이 하늘도 두렵다고 하지 않았는데
　　우탁의 깊은 생각 언제나 임을 보필하고자 했네
　　한 세상을 놀라게 한 명석 위의 곧은 말
　　임은 어찌 옛날의 잘못을 깨닫지 못했던가

중봉의 예측대로 왜란이 일어나자, 유약한 선비와 장수들은 도망가거나 항복하기 바빴다. 하지만 중봉은 방비책 하나 마련하지 못한 임금과 관리들을 대신하여 왜군을 향해 도끼를 휘둘렸다. 격문을 돌리고 의병을 모았다. 승병장 영규와 합세하여 청주성을 탈환했다. 곧이어 금산전투에 출정하여 왜병 일만 삼천과 싸웠으나 아쉽게도 칠백의사들과 함께 순절하고 말았다.

금산전투에서 입은 왜군의 피해도 엄청났다고 전해진다. 왜군은 의병들의 처절하고 결연한 용감성에 겁을 집어먹고 다시는 호남을 넘볼 엄두도 못 내었다. 그런데도 용렬한 선조는 중봉이 명예를 탐한 나머지 무리하게 공격해서 전멸한 것이라고 평가했다니 기가 막힐 노릇이 아니던가.

중과부적으로 패할 줄 뻔히 알면서도 의병의 기개를 왜군에게 심어주고자 칠백의사에게 부르짖은 중봉의 마지막 외침은 이러했다.

"장부가 국란을 당해 한 번의 죽음이 있을 뿐, 어찌 구차하게 살기를 바라리오. 오늘 이 땅이 바로 내가 죽을 곳이다!"

중봉에게 있어서 금산전투는 충忠을 실천하는 것이었을 뿐, 구차한 명예욕이 티끌만큼이라도 있었다면 어찌 옥쇄를 택하였겠는가.

중봉은 의병장이기 전에 유학자였다. 그는 유학자의 덕목인 충忠은 말할 것도 없으려니와, 효孝도 몸으로 실천했다. 부친이 병석에서 소고기를 찾았으나 구할 길이 없다가 그만 돌아가시고 말았다. 그 이후로 중봉은 소고기만 보면 눈물을 흘렸고 평생토록 소고기를 입에 대지 않았다고 한다. 그뿐만 아니라, 계모가 낳은 아들이 넷이나 있었지만, 항상 중봉이 모시고 살았다.

충효의 궁극적인 지향점은 바로 애민愛民이 아니겠는가. 중봉은 평소 사람을 대할 때, 반상班常과 귀천貴賤의 차별을 두지 않았다. 어느 날 하인이 중봉과 한 자리에서 밥을 먹는데 두 사람의 음식이 조금도 차이가 없었다고 한다. 칠백의사 중에는 천민과 양민이 많았다. 중봉의 성품에 감읍했던 이들이었기에 기꺼이 그의 휘하에 들어왔고, 죽음의 골짜기에서도 아무런 동요 없이 하늘에 지부상소를 올릴 수 있었던 밑바탕이 된 것이었다.

목숨을 걸고 왕의 잘못을 간했던 우탁, 유비무환을 부르짖으며 도끼를 든 중봉의 정신은 구한말 면암勉菴 최익현으로 이어졌다. 면암은 일본과의 병자수호조약 체결에 반대하는 병자지부소丙子持斧疏를 올리고 대마도에 끌려가서 단식 끝에 순절하였다. 이렇듯, 지부상소는 우리 역사의 중요한 고비마다 민족의 정의로운 얼을 밝히는 횃불 역할을 다하였다.

왕벚나무 아래에서 하얀 꽃비를 맞으며 생각해 보니, 함부로 도끼를 들고 시위 아닌 시위에 나서는 세태를 탓할 자격이나 있는지 모르겠다. 종심從心에 이르도록 크고 작은 허물을 잘라낼 도끼 하나 제대로 벼르지 못한 나도 부끄러운 후손임이 틀림없으니.

－『사람과 문화』 2023. 제17호

삼부자 회동會同

포항 사는 둘째 아들에게 전화를 넣었다. 아들 녀석들이 바깥일도 그렇겠지만, 집에서도 아이들에 치여서 비실비실하는 것이 안쓰러웠다. 물론 맞벌이하는 며느리들이 들으면 입을 삐죽거릴지 모르겠으나, '불타는 금요일' 저녁을 안겨주고 싶어서였다.

"이번 주말 시간이 어떻노?"

"괜찮은데요."

"형한테 연락해 보고 날 한번 잡아서 삼부자 모이자."

"예."

삼부자가 모인다고 하면, 친구들이 부러워한다. 그러나 이 즐거움을 그저 얻은 것이 아니다. 오래전부터 주도면밀한 계획과 준비 과정을 거쳐 이룩한 쾌거이다.

첫째가 수능 시험을 치고 온 날, 온 가족이 저녁을 함께 먹고 막창을 구워 파는, 천막으로 지은 간이주점의 투명비닐 출입문을 열고 들어갔다. 아내는 고등학생을 데리고 술집에 왔다고 화들짝 놀랐고 아이들도 어리둥절하기는 마찬가지였다. 나는 아랑곳하지 않고 좌석 하나를 차지하고 앉으며 아이들에게 턱짓을 했다.

모두 자리에 앉자, 큰 애에게 말했다. 조금 있으면 졸업하고 대학생이 될 텐데, 아버지가 오늘 몇 달 당겨서 위로 주를 한 잔 살 테니 마셔라. 그리고 우리 부자가 처음으로 술잔을 나누는 자리인 만큼 주도酒道 몇 가지를 알려 줄 테니 잘 배우도록 해라. 옛날부터 술은 어른한테 제대로 배워야 한다는 말이 있다. 젊은이들이 처음부터 저희끼리 모여 본데없이 마시게 되면 본의 아니게 실수를 하게 되고, 그게 돌이킬 수 없이 되는 사례도 많지 않더냐. 그러나 둘째는 아직 고등학생이니 오늘은 사이다를 마시고, 이년 후에 수능 치는 날 아버지가 오늘과 똑같은 자리를 만들 테니 그리 알아라. 이렇게 연막을 치고 나서야, 아내와 아이들이 고개를 끄덕이며 내 의도에 동의하는 듯했다.

이윽고 주문한 막창과 소주가 나왔다. 나는 아내에게 집게를 넘기고 큰아들 앞에 소주잔을 놓고 주도 강의를 이어갔다. 한 손으로 술병을 잡고 다른 손으로 살짝 바쳐 따른다. 오른편에 앉아 있는 사람에게 따를 때 특히 주의해야 한다. 손목을 밖으로 뒤집어 따르는 것은 실례다. 몸을 상대방에게 향한 다음, 아까처럼 두 손으로 따라야 한다. 술잔에 따르는 양은 8할 정도로 따르는 게 좋다. 요즘 젊은이들은 반 잔 남짓 따르고 한꺼번에 마신 다더라 마는 우리는 그렇게 배웠다. 내가 말한 방법대로 첫 잔을 아들에게 따르고, 아들에게 첫 잔을 받았다.

그다음, 어른에게 잔을 받을 때는 오른손으로 잔을 잡고 왼손으로는 살짝 받치는 듯해야 한다. 잔에 술이 다 따라지면 고개를 약간 돌린 상태에서 입에 갖다 댄 다음, 다시 상에 놓아라. 다른 사람들이 모두 마실 때 다시 잔을 들고 고개를 약간 돌려 마셔야 한다. 마신 다음에 잔을 놓을 때는 탁 소리가 나지 않아야 한다. 마주 앉은 어른이 이야기할 때는 마주 보되, 시선을 똑바로 부딪치지 말고 코나 입 정도로 약간 아래로 하는 것이 좋다. 그날 큰아들은 소주로, 작은아들은 사이다로 실습을 거듭하는 바람에 나는 대취하고 말았다.

기분 좋은 시간을 보내고 집으로 오면서, 아들 하나 잘 키워냈다는 자부심으로 마음이 뿌듯했다. 큰아들은 명실상부 성인으로 대접받았다는 자긍심, 둘째는 다음은 제 차례라는 기대감, 아내는 아버지 역할을 잘하려고 애쓰는 남편에 대한 미더움을 안고 손에 손을 잡고 집으로 돌아왔다. 2년 후에 둘째도 약속대로 첫째와 똑같은 의식을 치른 것은 두말할 필요가 없다.

아이들이 둘 다 대학생이 되고 난 후에는 명절 때나, 고기를 구울 때 반주 삼아 마실 기회가 많았으나 그때마다 방해꾼이 등장했다. 아내가 아이들 술 먹인다고 잔소리하는 바람에 주흥이 나려다 말고 오줌발 맞은 모닥불처럼 피시식 식은 적이 한두 번이 아니었다.

어느 날, 아내가 친구들과 3박 4일 중국 여행을 가게 되었다. 천재일우의 기회가 아닐 수 없었다. 셋이서, 아무도 간섭 없는 자유의 자리에서, 천천히 그리고 느긋하게 삼겹살을 구워 놓고 음주를 즐겼다. 아이들도 속마음이야 어떤지 알 수 없으나 그 자리가 좋다고 했다. 의기투합한 삼부자는 가끔 우리끼리 오붓하게 만나기로 약속했다. 내 기억으로 그날 호기롭게 노래방에 갔었는지는 기억이 가물가물하다.

오늘은 술이라면 질겁하는 아내와 시아버지가 술잔을 들이밀면 고개부터 외로 꼬는 두 며느리의 허락까지 받아 만나는 삼부자 회동이다. 미리 보아둔 집 근처 장어구이 집에 모였다. 이제 허름한 포장마차가 아니라서 좋다.

자리에 앉자마자 손자 손녀 크는 모습 얘기가 끊어질 줄 모른다. 별 중요하지도 않은 내 이야기에 두 귀 쫑긋 세우고 경청해주는 아들이 좋지만, 형제가 얼굴 가득 함박웃음을 머금은 채 뭔지 모를 이야기를 하며 술잔을 마주치는 모습을 보는 것도 그에 못지않다. 훗날 내가 없어도 형제가 정을 내며 오순도순 살아갈 생각을 하니 미덥기 그지없다. 연거푸 술잔을 털어 넣는데도 하나도 취하지 않는다.

둘째가 얼른 일어나 계산하러 나간다. 회합을 소집한 내가 그럴 수 있냐며 양꼬치구이집으로 손목을 잡아끈다. 다음에는 큰아들은 입가심해야 한다며 호프집을 가리킨다. 삼부자 회합을 마치고 돌아오는 길에 키가 장대만 한 아들을 좌우에 거느리고 걸어오는 재미가 쏠쏠하다. 키 작은 내가 가운데 있는 모습을 다른 사람들이 보면 마치 M자처럼 보이겠지만, 그게 무슨 대수이랴. 오늘 밤만큼은 세상이 돈짝만 해 보인다.

나는 이순耳順을 넘긴 지 오래고, 종심從心이 내일모레다. 손주들에게 장난감 사주는 데 큰 어려움이 없으니 그만한 다행이 없다. 아이들은 때맞추어 부모에게 용돈을 주고, 형제간에 선물을 주고받는다. 서로 의지는 하지만, 손 안 벌리고 사는 게 무엇보다 고맙다.

이런 복을 계속 유지하려면 건강 유지가 관건이다. 예전에는 연륜이나 술 마신 이력이 많은 내가 아이들을 주량으로 압도했다. 큰아들이 먼저 자러 가고, 둘째 아들이 화장실 들락거릴 때도 끄떡없었다. 이제는 아이들이 나를 부축할 지경이다. 아이들에게 짐이 되지 않으려면 부지런히 걷고 움직여야 한다. 조급해하는 마음을 버리고 넓게 먹어야 한다.

그것 말고도 삼부자 회동을 무리 없이 계속 이어가려면 중요한 고비가 하나 더 있다. 아이들은 집에서 기다리고 있을 두 며느리 심사를 잘 달래야 다음번 삼부자 회동이 용이할 터이다. 하루 저녁 빠진 육아 벌충으로 설거지를 열심히 해야 할지도 모른다.

  사실은 오지랖 넓은 새줄랑이처럼 아들 걱정할 게 아니라, 내 코가 석 자다. 아이들에게 술을 얼마나 많이 먹였느냐고 닦달할 아내의 성화는 무슨 수로 잠재워야 하나.

— 『한국에세이포럼』 2021. 제4호

그것도 모르나?

한식 밑에 성묘하러 갔더니 부모님 봉분이 더 무너졌다. 마음도 봉분처럼 무너져 내렸다. 산소를 쓴 지 오래 되자 주위 다복솔이 자라 우람해지면서 그늘이 졌다. 그러자 떠가 시름시름 마르기 시작했다.

십여 년 전에 봉분을 돋우고 뗏장을 새로 입혔다. 소나무 여남은 그루를 베어 넘겼더니 몇 년은 그런대로 보기가 좋았으나, 최근에 멧돼지가 나타나 봉분을 파헤치기 시작했다. 그때마다 훼손된 곳에 땜질 처방을 하였지만 언 발에 오줌 누기였다. 언제 좋은 날을 잡아 전면적으로 손을 보려고 마음먹었지만, 생각처럼 선뜻 실행에 옮기지 못한 탓으로 산소에 가면 절로 고개가 숙어지고 우울했다.

부모님 봉분을 다듬다 보니, 그 총중에 어머니 봉분이 아버지

봉분보다 모양이 그나마 잘 유지되어 있고 띠 상태도 좋았다. 해마다 하는 성묘지만, 올해 따라 새삼스레 그게 보였다. 옆에서 잡풀을 베던 아내에게 그렇다고 얘기했더니. 무슨 당연한 말을 새삼스레 하느냐는 투로 한 마디 툭 던졌다.

"그것도 모르나? 먼저 돌아가신 어머님 산소는 아버님께서 쌓으셨고, 아버님 봉분은 자식들이 만들었잖아. 아버님 정성을 자식들의 마음에 비할까."

아무렴, 백년해로한 부부의 정을 헐렁한 자식이 부모 생각하는 마음에 비할 바가 아니지.

추석 전에 부모님 산소의 봉분을 헐었다. 상석은 남기고 표지석을 봉분 자리에 새로 만들어 평토장으로 바꾸었다. 무너진 축대를 보수하고, 주위의 소나무를 정리하여 확보한 자리에 잔디를 입히고 나니 온 산이 훤하다. 답답하던 마음이 뻥 뚫린다. 어머니 생각하는 아버지 마음에 미칠 바는 아니지만, 자식된 도리와 정성을 조금 보탰다는 뿌듯함으로 잔에 제주를 가득 따른다. 재배를 하며 기도를 올린다.

막내아들이 아버지, 어머니 집과 마당을 잘 고쳐 놓았으니 편하게 쉬세요. 막내아들 예쁘다고 빨리 부르지는 마시고요. 손주들 대학 입학하고, 포장마차에서 그 녀석들이 따라 주는 소주 한잔 마시고 갈 때까지만이라도 기다려 주세요.

마두금馬頭琴을 위하여

수호의 하얀 말

쌍둥이 손녀에게 줄 책을 사러 갔다가 『수호의 하얀 말』을 보았다. 마두금의 탄생 유래를 그린 동화였다.

어느 날 수호는 초원에서 양들과 돌아오는 길에 주인 없는 하얀 망아지를 데리고 온다. 수호는 이 하얀 망아지를 지극 정성으로 돌보고 어느덧 시간이 지나 훌륭한 말로 자라 늑대로부터 양들도 잘 지켜내면서 지냈다.

이웃 마을 원님이 말타기 대회를 열었는데, 1등을 하면 자기 딸과 결혼시켜 준다는 소식이 들렸다. 수호는 대회가 열리는 마을로 떠났다. 씩씩한 젊은이들과 구경꾼들이 구름처럼 모여 있었다. 드디어 말타기 대회가 시작되었다. 대회에 참가한 이들은 모두 열심히 달렸지만, 제일 앞장서 달리는 것은 역시 수호가 탄 하얀 말이었다.

　수호와 하얀 말이 1등을 했지만, 원님은 가난한 양치기라는 이유로 딸과 결혼시킨다는 약속을 지키지 않았다. 그것도 모자라 달랑 은화 세 개를 주고 하얀 말까지 빼앗아 버린다. 수호는 울면서 항의하다가 부하들에게 두들겨 맞고 겨우 집에 돌아온다.

　원님은 의기양양하게 빼앗은 말에 올라탔으나, 하얀 말은 앞발을 높이 들어 올려 원님을 땅바닥에 떨어뜨리고 바람처럼 도망갔다. 원님의 부하들은 화살을 마구 쏘았다. 하얀 말은 화살을 맞은 채 달리고 달려 겨우 수호네 집에 도착했지만, 피를 너무 많이 흘려 끝내 숨을 거둔다.

　그날 밤, 수호의 꿈속에 하얀 말이 나타났다. 자신의 뼈와 가죽과 힘줄과 털로 악기를 만들어 달라고 했다. 그러면 항상 수호 곁에 있을 수 있다고 했다. 수호는 잠에서 깨자마자 하얀 말의 부탁대로 악기를 만들었는데 그것이 바로 몽골 전통악기

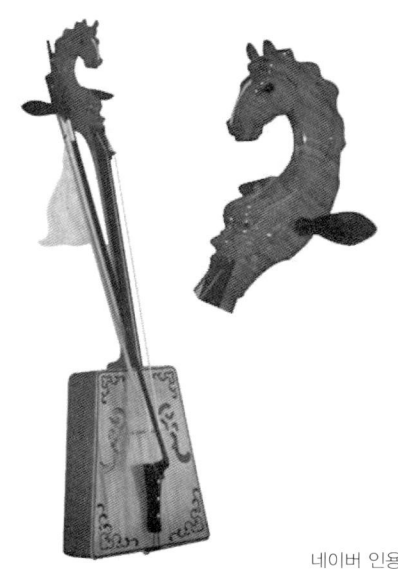

네이버 인용

인 마두금이다. 몸통 위쪽 끝에 말 머리 장식이 있는 마두금은 몽골의 민속 현악기로 우리나라의 해금과 같은 2현의 찰현악기이다.

손녀들과 함께 동화를 다 읽고, 원님처럼, 욕심을 부리지 말고 착하게 살아야 한다고 말해 주었다. 쌍둥이는 욕심 많고 나쁜 원님이라면서 할아버지 얼굴을 쳐다보는데 도둑이 제 발 저리듯이 가슴이 콩닥거린다.

동화책을 덮고 표지를 쓰다듬는데, 여러 해 전에 몽골 대상들과 낙타를 소개한 '낙타의 눈물'이라는 텔레비전 프로그램이 겹쳐 보인다.

낙타의 눈물

초원에서 낙타가 새끼를 낳는다. 보기 드문 난산이다. 갖은 산고 끝에 태어난 새끼는 가녀린 다리로 겨우 일어선다. 본능적으로 어미에게 다가가 젖을 물려고 하는데 어미가 거부한다. 목동들이 달려들어 아무리 끌어당겨도 끝내 새끼를 받아들이지 않고 비척비척 자리를 피한다.

그때 목동이 다가와 마두금馬頭琴을 연주한다. 악기의 선율이 퍼지자, 어미는 커다란 눈에서 눈물을 주르륵 흘린다. 때맞추어 새끼를 데리고 갔더니 어미는 새끼를 받아들이고 마침내 젖을 물렸다. 몽골인들은 마두금의 선율이 어미의 모정을 일깨우는, 공감과 위로의 음악이라고 믿고 있다고 한다.

낙타가 이런 모습을 보이는 것은 난산으로 인한 고통 때문이라는 말도 있으나, 그 원인은 밝혀진 바가 없다. 그러나 마두금의 선율로 그 고통을 치유하거나 새끼를 내친 독한 마음을 순화하는 것만은 틀림없는 것 같다.

작금에 제가 낳은 자식을 나 몰라라 하는 비정한 부모가 많아졌다. 갓난아기를 유기하는 미혼모, 피시방에 게임을 하러 간다고 아기를 혼자 내버려 두고 가서 슬픈 일을 만드는 철없는 아빠도 있다. 이런 젊은이가 증가하는 이유는 미래에 대한 암울한 무게를 견디지 못하고 좌절하는 탓이 크다. 앞길을 가로막는 조그만 좌절을 담금질 삼아 이겨내려는 의지가 아쉽다. 어쩌다 구렁텅이에 한 번 빠지면

네이버 인용

스스로 일어나려고 하지 않는다. SNS의 익명성 뒤에 숨어 웅크리거나 가상 세계에 빠져 헤어날 줄 모른다. 어미 낙타가 난산의 고통에 빠져 순간적으로 모정을 잃어버리는 것과 다르지 않다.

이렇게 혼란한 사회의 근원을 찾자면, 결국 가정으로 귀결된다. 제 자식만 귀하다고 오냐오냐 키운 부모 탓이 적지 않다. 온갖 치맛바람에 시달린 아이들의 머리는 조금 더 커졌을지 모르겠으나, 부족함을 모르는 환경에다 도를 넘은 자식 사랑 탓에 저만 잘난 줄 알고 배려할 줄 모른다. 지나치게 유약해지거나 극단적으로 난폭한 성격 등으로 비틀어지게 된다. 엄부嚴父 밑에 효자 난다는 옛말이 괜히 생겨난 게 아니다.

마두금은 초원을 자유롭게 달린 말의 꼬리털로 만들어야 최상의 소리를 낸다고 한다. 우리가 새겨들어야 할 말이다. 아이들이 자유로운 환경에서, 자율적이고 진취적으로 자라야 정신과 몸이 건강해진다는 뜻이 아니겠는가.

쌍둥이의 마두금 선율

쌍둥이 손녀를 무릎 앞에 두고 있으니 완당 김정희 선생의 말년이 부럽지 않다.

大烹豆腐瓜盖茶　대팽두부과강채
　　高會夫妻兒女孫　고회부처아녀손

　　가장 좋은 반찬은 두부 오이 생강 나물
　　가장 좋은 모임은 부부와 아들딸 손자 손녀

　완당이 온갖 풍상과 유배 생활을 마치고, 내 나이쯤 돼서 과천에 눌러앉았을 때 쓴 시인데 이 글의 협서에 다음과 같이 적었다.
　이것은 촌 늙은이의 제일가는 즐거움이다. 비록 허리춤에 말斗만 한 큰 황금 도장을 차고 밥상 앞에 시중드는 여인이 수백 명 있다고 하더라도, 능히 이런 맛을 누릴 수 있는 사람이 몇이나 될까.*
　완당은 그의 글과 글씨를 통하여 행복이란 산해진미나 부귀영화가 아니라 소박한 밥상과 가족과 함께하는, 소소하고 평범한 일상에 있다고 토로한다. 높은 지위에 올라 권세를 과시하거나 제 자식 잘되기만 바라는 빗나간 욕심 따위는 모두 부질없다는 것을 오늘의 우리에게 가르치고 있다.
　쌍둥이 손녀가 동화책을 읽고 나서 피아노를 치고 있다. 지금이야 서툴고 거칠지만, 차차 맑고 고운 마두금의 선율로 성장하면 좋겠다. 그 음악을 마음으로 듣는 이들이 낙타의 눈물을 흘리면서 고운 심성으로 거듭나기를, 일상의 즐거움이 가득 찬 완당의 노후를 맞이하는 세상이 되기를 소원한다.

    쌍둥이가 두드리는 피아노 소리를 가만히 눈 감고 듣고 있자니, 바보 할아버지의 귀에는 어째 마두금 선율과 하나도 다르지 않다.

*유홍준. 『완당평전』. 학고재. 2002. 745쪽.

— 『한국에세이포럼』 2024. 제7호

조이섭의 **Aphorism**

■ 개구리

개구리는 하늘을 향해 뛰지 않는다. 앞을 보고 뛴다. 그 대신 뒤로 뛰는 법이 없다.
개구리는 멀리 뛰려고 무릎을 깊숙하게 구부린다. 사람은 하늘만 올려다보고 무릎을 구부리지 않는다.

■ 내 마음

주식을 매수하려고 실시간으로 점멸하는 컴퓨터 화면을 본다. 매수하려는 종목의 시세 커서가 아래위로 쉴 새 없이 오르내린다. 커서가 내려가기를 기다린다. 이윽고 매수 체결이 되었다. 그 순간, 커서가 올라가기를 바라는 마음이 참 간사하다.

제3부

꽃잎과 나뭇잎의 환環

꽃잎은 오므리고 피고 질 때를 안다. 나뭇잎도 나고 시들고 떨어질 때를 잊어버리는 일이 없다. 사람들만 들고 날 때를 가리지 못하고 낭패당하기 일쑤이다. 조금 예쁘다고 칭찬받으면 금방 기고만장해지는가 하면, 자기보다 잘난 이를 보면 시기하고 질투하는 사람들과는 사뭇 다르다.

- 꽃잎과 나뭇잎의 환環
- 꼴값
- 복기復棋
- 고, 苦를 풀다
- 미곡 소분기米穀 小分記
- 땅따먹기
- 아름다운 2등
- 내 자리
- 연필과 나
- 초점
- 그나마 다행
- 비눗방울에 갇힌 남자

꽃잎과 나뭇잎의 환環

나무는 해마다 꽃과 잎을 피운다. 꽃과 나뭇잎은 한 몸에서 태어나지만 모양과 색깔, 역할이 다르다. 그래서 그런지, 사람들은 꽃을 좋아하는가 하면 잎을 선호하는 등 기호嗜好가 갈린다.

봄에 피는 꽃을 좋아하는 이는 시룽새룽 화전花煎을 부치고, 여름의 짙은 녹음에 끌리는 이는 심산계곡으로 든다. 가을에 드는 단풍을 사랑하는 이는 코트 깃을 세우고 낙엽을 밟거나 은은한 국화 향기에 매혹되기도 한다. 추사 선생이 그린 세한도의 고결함에 마음을 뺏긴 이는 눈 덮인 송백松柏의 푸르름을 찾아 나선다.

세상에 예쁜 꽃을 싫어하는 사람은 없다. 막 피려고 하는 봉오리부터 활짝 핀 꽃까지 뭇사람의 시선을 끌고, 찬사를 받는다. 그러나 꽃이 아름다움을 유지하는 시간은 우리네 청춘처럼 처연하게 짧다. 꽃은 벌 나비를 유혹하고 수정하는 책무를 다하면 속절없이 지지만 함께여서 덜 외롭다. 분분하게 날리는 낙화를 보는 사람들도 무한한 슬픔을 느끼거나 고통스러워하지는 않는다. 꽃 진 자리에 열매가 맺는다는 것을 아는 까닭이다. 희망을 품고 떠나는 과거길 떠나는 서방님의 뒷모습을 바라보는 새색시 심정처럼 애틋할 뿐이다.

꽃은 자기의 짧은 운명을 알기에 으스대거나 잘난 체하지 않는다. 색과 향으로 드러내기 좋아하지만, 그것은 열매를 맺기 위해 벌과 나비를 부르려는 몸짓에 불과하다. 그저 짧은 순간 생긴 대로 피었다 지면 그뿐인데, 괜스레 사람들이 몰려 나와 북 치고 장구 치며 호들갑을 떤다.

나무에는 아름답게 꽃 피고 수정하는 젊음만 있는 게 아니다. 꽃이 진 다음, 수정으로 맺은 열매를 키우는 고단한 몫이 숙명처럼 남아 있다. 그 일을 감당하는 것이 나뭇잎이다. 빨간 꽃잎이 젊음의 상징이라면, 거뭇한 나뭇잎은 든든함의 표상이다.

사람들은 나무에 이름을 지어주고 꽃의 모양과 색깔을 기억한다. 그러나 나뭇잎 모양만 보고 나무 이름을 알아차리는 사람은 드물다. 나뭇잎은 꽃과 달리 두드러지려고 애쓰지 않기 때문이다. 쳐다보는 사람 없고, 알아주는 이 드물어도 나뭇잎이 하는 일은 많다. 광합성으로 영양분을 만들고, 대기 중의 이산화탄소를 흡수하고 산소를 배출한다. 잎 없이 피는 꽃은 있어도,

잎 없이 맺는 열매는 없다.

　나뭇잎은 봄과 여름 내내 태양과 더불어 일한 다음, 가을에 훈장으로 받은 단풍이 가장 아름답다. 붉고 노랗게, 환상보다 짧은 시간을 보내고 나면 스스로 떨켜를 만들어 나무와 이별을 고한 다음 피곤한 몸을 땅에 누인다. 사람들은 떨어지는 나뭇잎을 보면 외로움에 싸이고 우수에 젖어 든다. 산더미 같은 골판지 손수레를 끌고 언덕을 올라가는 할아버지의 긴 그림자에서 느꼈던 쇠락을 공감하기 때문이다.

　꽃잎은 탄생이요, 나뭇잎은 성장이다. 꽃잎이 자식을 잉태하는 선남선녀라면, 나뭇잎은 원숙하고 살뜰한 주부이다. 꽃잎이 여러 장 겹쳐 하나의 꽃으로 수정하는 것과 달리, 나뭇잎은 혼자서도 제 할 일을 거뜬하게 해낸다. 이렇듯 꽃잎과 나뭇잎은 생김새와 역할이 제각기 다르지만, 뽐내고 시기하거나 무시하는 법이 없다. 꽃 피우고 열매 맺는 농사를 한 해도 다툼 없이 해낸다.

　꽃잎은 오므리고 피고 질 때를 안다. 나뭇잎도 나고 시들고 떨어질 때를 잊어버리는 일이 없다. 사람들만 들고 날 때를 가리지 못하고 낭패당하기 일쑤이다. 조금 예쁘다고 칭찬받으면 금방 기고만장해지는가 하면, 자기보다 잘난 이를 보면 시기하고 질투하는 사람들과는 사뭇 다르다.

　꽃잎은 나무와 분리됨으로써 열매를 맺는, 무에서 유를 만드는 生이다. 나뭇잎은 저 자신을 붙들고 있는 나무와 열매를 아울러 키우는 育이다. 사람도 그렇다. 젊어서 자식을 낳고生, 오랜 시간 정성을 다해 기르지育 않는가. 나무 한 그루의 꽃잎과 나뭇잎에서 분리와 결합의 오묘함을 배우고, 생육生育하는 자연의 이치를 배운다.

열매 맺은 꽃잎은 떨어져 가뭇없이 사라지고, 열매를 키운 나뭇잎도 썩어 형해形骸조차 없어진다. 그러나 눈에 보이는 것이 전부가 아니다. 낙화와 낙엽은 사라지는 것이 아니다. 그들이 태어난 본향, 흙의 원소로 귀환하여 나무로 회귀回歸한다. 회귀한 원소는 꽃잎이 나뭇잎으로 되고, 나뭇잎이 꽃잎으로 다시 태어날지도 모른다. 이리 보면, 땅과 나무와 꽃잎과 나뭇잎이 서로 다르되 다르지 않다. 모두가 변하고 변하는 순환의 고리, 환環일 뿐이다.

우리는 꽃잎과 나뭇잎처럼 있어야 할 자리에서 제각각의 능력에 따라 소명을 맡는다. 큰일, 작은 일은 있으나 필요하지 않은 일은 하나도 없다. 다만, 맡은 일에 기울인 정성에 따라 결실의 값어치가 조금씩 달라질 따름이다.

나는 작은 하나라도 드러내고 생색내기 좋아하는 꽃잎이었다. 모란 동백의 봄날이 사시장철 이어질 줄 알았다. 아내는 그저 존재함으로써 만족하고 묵묵히 제 할 일만 하는 나뭇잎이었다. 꽃잎이 하나둘 떨어지고 보니, 눈밭에 홀로 푸른 소나무 세침細針의 존재가 새삼 눈에 보이고 고마움과 소중함을 알겠다.

    나에게 맡겨진 소임이 끝나는 날, 우리가 매달려 살았던 나무에 사랑 한 줌이라도 거름으로 남기고 갈 수 있으면 좋겠다. 그 또한 무의미한 순환이요, 환이라면 어쩔 수 없는 일이지만.

— 『선수필』 2024. 여름호

꼴값

 사람 사는 게 하도 실미지근하여 세상이 와 이렇노, 했더니 동네 할머니께서 채소를 다듬던 손을 멈추지도 않고 한마디 툭 던진다.
 "너만 잘하면 된다."
 공자께서도 제경공이 정사에 관해 묻자, 할머니와 똑같은 대답을 하셨다.
 "임금은 임금 노릇, 신하는 신하 노릇, 아버지는 아버지 노릇, 자식은 자식 노릇을 잘하는 것입니다."
 호호백발 할머니가 삶의 체험에서 뱉은 달관의 한 마디와 제각각 제 자리에서 제 할 일을 잘하면 세상이 잘 돌아간다는 공자님 말씀이 어찌 그리 똑같은지. 한마디로 꼴값하고 살라는 말씀 아니신가.

사물의 생김새 또는 처지나 형편을 얕잡아 이르는 말을 '꼴'이라 한다. 우리는 명함에 제 꼴을 새긴다. 자랑하고 싶고, 내세우고 싶어 안달하는 그 잘난 꼴 말이다. 블로그, 카페의 프로필에도 번지르르하고 시답잖은 꼴이 얼마나 많은가. 제멋에 겨워 그리 내놓고 자랑하는 거야 어쩌랴마는, 그랬으면 그 꼴값이나 제대로 해야 하는데 행동은 개차반이니 꼴불견이라 하고, 꼴사납다는 말이 생겨난 게다.

직위는 그 사람을 나타내는 또 하나의 이름이요 꼴이다. 직위가 높을수록 그에 대한 책임도 크다. 그런데 학교를 책임지고 있는 일부 선생님을 보면 우습지도 않다. 남학생이 여선생님을 맞대 놓고 희롱하거나 학부모가 뺨을 때려도 먼 산만 쳐다본다. 해결과 처분은 고스란히 교육청에 미루고, 애먼 제도 탓만 한다. 그래 놓고 밖에 나가서는 요즘 교사들은 모두 제 위주다, 아래위를 모른다고 핏대를 올린다. 가르치고 배우는 현장 꼴이 이래서야 어떻게 공교육이 바로 서겠는가.

직종이나 직분도 마찬가지다. 언론, 말로써 세상사 시시비비를 논한다. 얼마나 좋은 말인가? 그 좋은 말 뒤에 숨어 유체 이탈 화법으로 사사건건 비아냥거리거나 하나 마나 한 양비론을 늘어놓기 일쑤다. 어디서 주워 왔는지 모를 '알 권리'라는 말을 조자룡 긴 창 쓰듯 한다. 알아도 그만, 몰라도 그만인 가십을 기자들이 헤집고 다니다 보니 세상의 등불을 밝히는 데 쓰라는 펜은 휴지통에 들어간 지 오래다. 직필直筆, 정론正論의 사명도 스스로 포기해 버린 격이다.

어찌 그뿐이랴. 농민은 농민만, 노동자는 노동자 입장만, 회사 사주社主는 자기 이익만, 의사는 의사 업종의 이익만 대변하고 주장한다. 이런 것 조정하고 해결하라고 뽑아 놓은 의원이란 사람들은 한몫 더 거든다. 국민이 뽑아 주었다는 걸 내세워 일은 뒷전이고, 무소불위의 단맛만 즐긴다. 눈에 보이는 것은 오직 표뿐이다. 나라보다는 당, 당보다는 공천만 머리에 꽉 차 있는 사람이 지도자 연하고 있으니 하늘을 우러러 얼굴을 들 수 없다.

동東과 서西의 갈등이 조금 나아지나 했더니 수도권과 지방, 남과 여, 늙은이와 젊은이, 빈과 부, 좌와 우, 심지어 좋아하는 연예인을 두고도 패거리를 지어 삿대질에 여념이 없다. 이런 짓들의 잘잘못을 가려야 할 사법부마저 흔들리는 게 아닌가 싶어서 걱정이다. 유전무죄 무전유죄란 말이 공공연히 회자되고, 누가 봐도 권력의 입김이 닿은 심판, 정치성 짙은 판결을 바라보는 눈길이 고울 리 없다.

안보, 경제, 안전 그 어느 하나 중요하지 않은 나랏일이 없겠지만, 교육은 인간다운 인간을 키우는 기본이요, 언론과 사법은 험한 세상에서 마지막까지 믿고 기댈 보루요 잣대이며 저울이다. 이 셋이야말로 '나라'라는 무쇠솥(三鼎: 삼정)을 받치는 기둥이라 생각하기에, 백면서생에 불과한 내가 외람되이 주마가편 하는 심정으로 북을 두드려 본 것이다.

인생은 제 꼴 대로 사는 것이지만, 그 꼴은 일시적이고 가변적이다. 고정불변이 아니다. 세상은 격변하고, 꼴은 천변만화한다. 지금 잘 나가는 사람이 언제까지나 그렇다는 보장이 어디 있겠는가. 옳고 그름을 헤아리기 전에 나에게 좋은지 나쁜지만 따지다 보면, 한순간 허방을 짚어 버리거나 예기치 못한 고난에 빠질 수도 있다.

생각이 깊으면 실수가 줄고, 실수가 줄면 꼴값이 올라간다. 일상의 품격이 떨어지면 추해지고, 추해지면 끝 모르게 떨어진다. 모두가 하나밖에 없는 제 얼굴을 타고난다. 아무도 자신을 대신하지 못하는 만큼 저를 귀하게 여기되, 다른 사람도 존중하는 마음을 갖추는 것이야말로 꼴값을 올리는 지름길이다.

살기 좋은 세상은 제도나 법이 만드는 것이 아니라 사람이 만든다. 사람이 세상에서 제대로 꼴값하고 살려면 격물치지格物致知를 해야 한다. 격물치지의 핵심은 사물의 이치를 끝까지 파고드는 것이다. 『대학』은 격물치지를 한 사람만이 입지를 진실하게 하고 마음을 바르게 하여 수신제가하고 치국평천하를 이룰 수 있다고 가르친다. 위정자나 지도자가 가슴 깊이 새겨야 할 덕목이다.

다산 정약용 선생도 아들에게 보낸 편지에서 책을 읽는 중에 그 의미를 깨닫기 어려운 내용을 만나면, 그 근본이 완벽하게 이해될 때까지 연구하고 사색하라고 타일렀다. 그에 비하면, 예전에 내가 공부했던 자세는 수박 겉핥기에 불과했다. 요즘 들어 바꾸어 보려고 애써 보지만 만시지탄이라 아쉬움이 크다. 기억의 그물망이 헐렁해져서 금방금방 빠져나가니 말이다. 가는 세월은 붙잡을 수 없나 보다.

사람이 변변찮은 데다가 '꼴값'조차 못 하면, 소먹이 꼴蒭만 못하게 될까 봐 눈만 뜨면 걱정이다. 한평생을 살고도 꼴망태에 허접쓰레기만 가득해서야 되겠는가.

― 『계간수필』 2025. 봄호

복기|復棋

　나는 바둑을 잘 두지 못한다. 그저 두 집 나면 살고 축이나 장문 같은 용어 몇 개 아는 정도지만, SNS의 인터넷 대국은 자주 보는 편이다. 골프채를 한 번도 안 잡아봤지만, 골프 예능 프로그램이나 LPGA 중계는 즐겨 시청하는 것도 같은 이치이다.
　인터넷 바둑 대국을 통해 보는 전문기사들이 두는 수는 묘수이기도 하려니와 상대방의 수를 열 수, 스무 수 앞까지 예측하고 그에 대한 타개책까지 계산한다니 놀랍기 그지없다. 해설자가 아무리 자세하게 설명한들 제대로 이해하지는 못하지만, 가로세로 18줄 교차점에 하얗고 까만 돌이 번갈아 놓일 때마다 흥미진진하다.
　연전에, 이세돌과 바둑 AI인 알파고와 치른 대국이 세간의 관심을 끌었다. 방송으로 중계하는 대국마다 실시간으로 관전했다. 아무리 AI지만 인생의 축소판이라는 바둑만큼은 전문기사가 이길 것이라는 기대와 달리, 1승 4패로 지고 말았다. 단 한 번 이겼던 4국의 78수가 신의 한 수라고 난리가 났다. 나는 그 수의 오묘함보다 알파고가 인간을 능가하는 것에 대한 두려움만 뇌리에 깊게 남아있다.

한판의 바둑은 신통하게도 복잡한 인생사와 닮았다. 사람이 살아가려면 법을 지켜야 하듯이 바둑에도 일정한 규칙이 있고 지극히 공정하다. 두 사람이 바둑판의 361개 교차점에 바둑돌을 번갈아 가며 두는 경기다. 한 번 놓은 돌은 절대 무를 수 없다. 두 기사에게 똑같이 주어진 시간을 활용하여 반상에 한 수 한 수 돌을 놓는다. 인생도 마찬가지다. 잘못을 고칠 수는 있으나 책임을 져야 하고, 앞앞이 주어진 시간은 하루 24시간씩으로 똑같다. 그런데도 사람들은 조건이 같지 않다고, 기회가 평등하지 않다고 아우성친다.

바둑이나 인생이나 선택은 똑같이 어렵다. 기사는 매 순간 수십 가지 선택지 중에 하나를 골라 결정한다. 일수불퇴이기 때문이다. 우리도 단 하루를 사는 데도 크고 작은 선택을 무수히 많이 한다. 행동이나 태도를 정해야 할 때 망설이기만 하고 결단을 내리지 못하는 것을 결정 장애라고 해서 질병으로 치부하지 않던가.

바둑에서 승부를 결정지을 만큼 잘 못 둔 수를 패착이라고 하듯이 인생도 단 한 번의 실수로 나락으로 떨어지는 일이 다반사다. 한 수를 두는 결정도 이렇게 어려운 데, 하물며 결정의 과정과 결과를 빠짐없이 기억하는 복기復棋임에랴. 복기란 바둑을 다 둔 후, 그 경과를 검토하기 위하여 처음부터 다시 그 순서대로 벌여놓는 것을 말한다. 전문기사는 많게는 300수 가까운 순서를 단 하나의 착오 없이 기억하고 재현할 수 있다니 놀랍지 않은가.

바둑을 두어 수많은 기보棋譜*를 낳지만, 바둑의 과정과 결과가 똑같은 기보는 없다는 것이 정설이다. 우리네 인생도 수많은 사람이 태어나 살다 가지만, 똑같은 삶은 하나도 없다. 바둑은 복기로 패착을 가려내어 성찰함으로써 다음 대국의 승리를 이끌어낼 수 있다. 아쉽게도, 인생은 바둑과 달리 다음 판을 둘 기회조차 주어지지 않는다.

바둑 문외한인 내가 살아오면서 저지른 온갖 패착이 떠오른다. 그때 엄연히 다른 좋은 수가 있었는데 그것을 놓쳐 에둘러 왔다. 선택과 결정을 알맞게 하지 못한 탓이다. 욕심이 넘친 수를 두는 바람에 험한 가시밭길을 헤쳐 나오느라 고생한 일들이 주마등처럼 머릿속을 스치며 지나간다. 결정적인 순간에 여러 가지 선택지가 있었다는 것조차 알지 못할 만큼 우둔했으니 그런 고생은 오히려 당연하다. 인제 와서 뼈아픈 반성과 눈물로 복기랍시고 해 보지만, 한 수 물릴 방법이 없고 새 판을 둘 수도 없으니 그 또한 부질없는 일이다.

  다 끝나가는 내 인생의 바둑판을 붙잡고 지난날을 돌이켜본다. 한세상 태어나와 비록 남에게 내세울 만큼 성공한 인생은 아니지만, 작은 울타리나마 가정을 이루었다. 그 안에서 가족과 더불어 호의호식하지는 못했으나 풍찬노숙하지는 않았다. 거기에 좋은 글벗들과 술잔 아쉽지 않게 나누었으니 그나마 나쁘지 않은 한판 바둑이 아닐까 싶다.

  *기보棋譜 : 바둑이나 장기를 두어나간 내용을 기호로 기록한 것.

－『수필세계』 2022. 겨울호

고, 苦를 풀다

아버님과 어머님, 형님의 기일이 4월에 열흘 간격으로 든다. 수년 전부터 형수께 합사合祀를 권했지만, "생전에 아버님과 그렇게 사이가 안 좋던 형님이 불편해서 밥이나 제대로 먹고 가겠느냐."면서 고개를 저었었다. 형수의 묵은 포원抱寃을 큰 조카가 무슨 말로 어떻게 돌려세웠는지 모르겠지만, 오늘 처음으로 아버님 기일에 맞춰 세 분을 함께 모신다.

주방과 거실에서는 제수 장만하느라 부산하다. 조카들은 형님이 돌아가신 바로 그 방에서 지방을 붙이고 향을 피운다. 제상 준비를 마치고 시간이 되기를 기다리는 사이 이십 년 전에 보았던 형님의 마지막 모습이 아릿하게 떠오른다.

형수의 다급한 전화에 허겁지겁 달려와 방문을 벌컥 열었다.

형님이 맨바닥에 새우처럼 웅숭그린 채 누워 있었다. 안색이 새파랗다 못해 까맣게 변해 있었다. 무릎을 꿇고 "형님"하고 부르면서 어깨를 부여잡고 흔들었다. 차가운 감촉이 손바닥으로부터 팔을 타고 올라왔다. 혼자 넋을 놓고 있던 형수가 그제야 통곡하기 시작했다.

가까운 시장에서 일하던 형수가 별안간 등살에 소름이 돋으면서 무언지 모를 섬뜩함이 덮치더란다. 부리나케 집에 왔더니 그렇게 숨져 있었다고 했다. 형님은 피붙이 누구도 임종하지 못한 채 서늘한 공기가 감싸고 있는 방을 혼자 허무하게 떠났다. 예순을 갓 넘긴 나이로 배웅하는 이 하나 없이 쓸쓸하게 귀천歸天하는 발걸음이 결코 가볍지 않았으리라. 한 걸음 한 걸음마다 생전에 해원상생解冤相生하지 못한 한恨이 밟히지 않았으랴.

형은 평생토록 아버지와 사이가 좋지 않았지만, 처음부터 그런 것은 아니었다. 어릴 적에는 작은 산골에 천재 났다고 온 동네가 들썩했다. 한학자인 큰아버지와 달리 무학無學이었던 아버지가 총명한 장남에게 거는 기대는 남달랐다. 어려운 형편을 무릅쓰고 읍에 있는 중학교로 유학 보냈다.

이듬해 어느 날, 아버지는 차비를 아끼려고 하숙비로 셈 칠 곡식을 지게에 지고 미숭산 능선을 타고 넘었다. 어깨를 누르는 무게 따위는 장한 아들 만날 마음에 깃털 같았고, 오십 리나 되는 등굽잇길조차 장밋빛 꿈을 펼친 비단길 같았을 테다. 이윽고 만난 하숙집 주인은 대뜸 왜 이리 늦었느냐고 소리부터 질렀다. 하숙비가 석 달 치나 밀렸다고 화를 내었다. 형은 아버지가 다달이 꼬박꼬박 보내준 하숙비를 친구들과 어울려 노느라 몽땅 써버린 것이었다.

기가 막힌 아버지는 그 길로 형을 앞세우고 고개를 되넘어 집으로 돌아왔다. 울고불고 용서를 빌어도 아무 소용이 없었다. 단 한 번의 실수로 형의 학업은 허망하게 끝나고 말았다. 다음 날부터 형은 손에 익지 않은 농사일을 거들어야 했다. 물에 뜬 기름처럼 겉돌기만 하는 모습이 아버지의 성에 찰 리 없었다. 그때부터 부자父子는 갈등과 반목의 매듭, 미움의 고*를 맺기 시작했다.

아버지는 내가 두 돌 때 아무 연고도 없는 도시로 이사 왔다. 제재소에서 온갖 허드렛일을 맡아서 했다. 형은 조그만 직물공장에서 기사 보조 일을 했고 누나 둘도 실꾸리를 감았다. 누나들은 쥐꼬리만 한 월급이나마 꼬박꼬박 집으로 가져왔으나, 형은 친구들과 어울려 쓰고 빈 봉투 내미는 일이 다반사였다. 그러다 보니 두 분이 맺은 고는 점점 단단해지기만 할 뿐, 좀처럼 풀릴 기미가 보이지 않았다.

어느 해 설 대목이었다. 누나들이 우리는 이런저런 준비를 할 테니 오빠더러 쇠고기를 끊어 오라고 했다. 셋 다 같은 날 월급을 받는데 형만 빈손이었다. 궁여지책으로, 누나들이 고깃값을 건네며 오빠가 사 왔다고 말하라고 했다. 그런데 섣달그믐날 자정이 다 되어 가는데도 감감무소식이었다. 다급해진 누나들이 찾아 나섰다. 술에 취해 비틀거리면서 땅바닥을 두리번거리는 사내가 있었다. 가까이 다가가니 형이었다. 신문지에 싼 고기 뭉치를 자전거 짐칸에 묶어 왔는데, 어디서 떨어졌는지 모르겠다면서 깜깜한 골목길을 헤매는 참이었다. 당장 내일, 설날 아침 떡국 고명으로 쓸 쇠고기가 물 건너간 것이었다. 아버지는 형과 마찰이 있을 때마다 이 얘기를 두고두고 곱씹었다. 그렇게 부자 사이에 고가 풀리기는커녕 하나씩 늘어갔다.

형은 장가를 든 후에도 자립할 형편이 되지 않아 아버지 집에 얹혀살았다. 손대는 일마다 그르치기 일쑤였다. 그도 그럴 것이 남에게 싫은 소리를 하지 못했다. 받을 돈은 술 한 잔으로 탕감해 주기 예사고, 줄 돈은 남이 손 내밀기 전에 먼저 주어 버리니 짧은 밑천이 금방 거덜 나는 것은 당연지사가 아니겠는가. 그나마 아버지가 근근이 마련하여 대준 사업자금이었다. 급기야 조카들 교육이나 치송까지 아버지가 도맡았다.

두 분은 성격의 결이 완전히 달랐다. 아버지는 매사에 일 처리가 철두철미했으나 형은 천성부터 느긋함이 넘쳐 대충 대충이었다. 칡은 왼쪽으로 감아 돌고 등나무는 오른쪽으로 꼬며 올라가다가 결국 얽혀 버리듯이 갈등이 검질기게 이어졌다. 다름의 뿌리는 아버지였고 형은 그 뿌리에서 비롯된 열매일 터였으나, 뿌리는 복제된 열매를 부정하고 열매도 존재의 근원인 뿌리를 외면했다. 달의 앞면과 뒷면처럼 저마다 다른 곳을 쳐다보는 사이, 아버님께서 중풍으로 돌아가셨다.

장례를 치르고 한참 만에 형님께 들렀더니 술 한잔하러 나가자고 했다. 스무 살 가까이 터울 지는 형제가 처음으로 집이 아닌 술집에서 마주 앉았다. 형님은 아버지를 보내고 나니 후회가 막심하다고 고개를 떨구었다. 어렸을 때 저지른 단 한 번의 실수를 용서하지 않은 아버지에 대한 원망 때문에 일부러 두대바리** 행세로 평생을 보내기로 작정했다고 속마음을 열었다. 두대바리 노릇에 인이 박인 후에는 잘해 보고픈 속내와 달리 자꾸 엇나가게 되었다며 술잔을 거푸 비웠다. 보란 듯이 성공하여 아버지께 내로라하고 싶은 마음이야 고래 아니면 굴뚝이었지만, 뾰족한 두량이 없어 처자식까지 맡겨야 했던 형의 속내는 얼마나 괴로웠을까.

술값을 치르고 가게를 나서는 나를 형이 불러 세웠다. 돈 있거든 좀 주고 가라고 했다. 얼른 돈을 꺼내 드렸다. 그때 지갑에 있던 돈을 몽땅 드리지 않고 왜 지폐 몇 장을 남겼든가 생각하면 지금도 얼굴이 화끈거린다.

물은 흐르다가 흙탕물이 섞이기도 하고 다시 맑아지기도 한다. 형에게는 한 번의 실수를 만회할 기회와 시간이 필요했을 것이다. 아버지도 아들에게 손을 넌지시 건네기도 했을 성싶다.

그러나 두 분은 살아생전에 끝내 손을 맞잡고 맺힌 고를 풀지 못했다.

낡은 벽시계가 자정을 알린다. 오늘은 아버님, 어머님과 형님이 한날한시에 오신다. 한평생 기대에 못 미치는 아들을 원망하다가 세상을 떠나신 아버님, 그런 아버님에게 반발해 두대바리로 살다 가신 형님이 함께 메를 드시러 오신다. 두 분이 부디 화해하시기를 빌면서 생전에 좋아하시던 청주 한 잔씩 가득 따르고 제물祭物을 편안하게 드시도록 밖으로 나왔다.

거실에 켜둔 텔레비전에서 진도 씻김굿 전수자의 고풀이 공연이 한창이다. 이승에서 맺은 고를 풀지 못하고 저승으로 간 영혼을 달래주는 사설이 해금과 장구 장단에 맞춰 구슬프게 이어진다. 하얀 무명에 지은 고를 기둥에 묶어 놓았다가 풀어내는 춤사위가 자못 장엄하다. 무명베에 잔뜩 매여 있던 고가 하나씩 풀려 맺힌 데 없는 시원始原으로 돌아가는 굿 춤이 꼭 아버님과 형님을 위한 몸짓 같다. 이승에서 부자가 지은 고 때문에 평생토록 타다 만 잿불처럼 품고 살았던 아픔(苦)을 저 굿 춤에 실어 날려 보낼 수 있다면 얼마나 좋을까.

잠시 후 안방에 들어서니, 제상 뒤에서 아버님께서 형님을 부둥켜안고 등을 토닥이는 모습이 내 눈물에 얼비쳐 보인다. 아버님은 당신의 눈에 차지 않는다고 몰아붙이기만 했던 게 모두 욕심이었다고 말씀하신다. 형님은 자식이 잘되기를 바라는 당연한 바람을 제대로 받들지 못했다면서 아버님의 품에 안겨 용서를 구한다. 부자의 늦은 화해를 바라보며 빙긋이 미소 짓는 어머님의 모습이 희뿌연 향연香煙 사이로 얼핏얼핏 흔들린다.

  *고 : 옷고름이나 노끈 따위의 매듭이 풀리지 않게 한 가닥을 고리처럼 맨 것을 말함
  **두대바리 : 일 처리가 민첩하지 못하고 엉성하거나 실수가 많은 사람을 일컫는 말

-『좋은 수필』 2023. 5월호

미곡 소분기 米穀 小分記

　주방 구석에 어제 없던 물건 하나가 눈에 띄었다. 한 말들이 쌀자루가 목에 타이를 질끈 동여매고 있었다. 아마도 시골 사시는 사돈이 보내온 것일 게다.
　나는 맞벌이하는 아들네 집에 쌍둥이를 돌보러 다닌다. 이 나이에 무엇으로든 도움이 된다면 좋은 일 아닌가. 쌍둥이 손녀에게 아침을 먹이고 간식으로 참외를 깎아 내어준 다음 설거지까지 마쳤다. 커피를 한 잔 타서 식탁에 앉아 있으려니 아직도 뽀로통하게 서 있는 쌀자루의 심술이 장히 눈에 거슬렸다.
　쌀벌레를 막기 위해 며느리가 2ℓ 들이 페트병에 쌀을 넣어 둔다는 것을 아는 터라, 바쁜 일손을 덜어줄 겸 소분(小分; 적게 나눔) 작업을 하기로 마음먹었다. 쌍둥이의 시선을 유아용 TV 프로그램에 묶어두고 준비에 나섰다.

돌보미 노릇을 오래 하다보면, 살림살이가 어디에 무엇이 있는지 훤히 알게 된다. 우선 쌀을 담아 두던 빈 페트병 여남은 개를 깨끗이 털어 내었다. 투명한 플라스틱 깔때기와 국자를 꺼냈다. 작업 중에 쌀이 바닥으로 흩어질까 저어하여 큰 대야까지 준비했다. 대야 안에 페트병을 세운 다음 입구에 깔때기를 꽂고 국자로 쌀자루의 쌀을 퍼내 부었다. 깔때기를 통과한 쌀이 좌르르 소리를 내며 페트병 안으로 쏟아져 내렸다.

푸근한 먼지를 날리며 막힘없이 내려가던 쌀이 깔때기 안에서 그대로 멈추어 선다. 아래위로 공기가 안 통해서 그런가 싶어 살짝 들어 봐도 그대로다. 가만히 살펴보니 쌀눈이 있는 모난 부분끼리 만난 쌀알이 서로 엉겨 있다. 깔때기를 좌우로 흔들며 살짝 충격을 주니 다시 솔솔 내려간다. 투명한 깔때기 덕에 쌀알 내려가는 모습이 그대로 드러난다. 왼손은 깔때기를 잡고, 오른팔은 국자에 연결된 로봇 팔처럼 왕복운동을 한다. 한 병 두 병 단순 작업을 반복하다 보니 몸 따로 머리 따로 유체이탈 상태에 접어들고, 쓸데없는 생각은 개발새발 끝을 모르게 이어진다.

쌀을 나누는 작업은 위와 아래를 연결하고 소통하는 일이다. 그것을 가능하게 도와주는 깔때기가 없다면 쌀자루에 담긴 쌀을 어떻게 페트병에 옮겨 담을지 난감하다. 깔대기를 – 작은 빨대를 합쳐놓은 거대한 빨대 – 자본주의 형상과 같다고 폄훼하는 분도 있지만, 하얀 쌀을 옮기느라 수고하는 깔때기를 앞에 두고 함부로 내뱉을 말은 아니다. 깔때기가 무슨 죄랴. 깔때기를 갖고 빨대 짓을 해 대는 위인들이 문제지.

둥글게 보이는 쌀에도 모난 데가 있어 내려가지 못하고 걸리듯이 사람의 마음도 항상 매끄럽게 한곳으로만 향하지 않는다. 자신도 모르는 모순(paradox)과 비이성(deraison)이 내부에 존재한다. 그것들은 때로 자아와 싸우거나 자기네끼리 부딪치기도 하며 무시로 방향을 바꾼다. 쌀이 페트병 안에 처음 떨어질 때는 요란한 소리가 나다가 바닥에 어느 정도 쌀로 채워지면 조용해진다. 사람도 처음 만나면 아웅다웅 다투며 마찰음을 낸다. 그러다 교류가 많아지다 보면 이해의 폭이 넓어진다. 깔때기를 좌우로 흔들어 걸린 것을 내려가게 하듯이 대화를 통해 관계를 복원할 수 있다.

깔때기의 원뿔 모양은 생존과 밀접한 자연에서 특히 유용하다. 수직으로 놓여 있으면 더욱더 그렇다. 명주잠자리의 애벌레인 개미귀신은 깔때기 모양의 구멍을 파고 숨어 있다가 개미 따위의 작은 곤충이 미끄러져 떨어지면 큰 턱으로 잡아먹는다. 깔때기 그물 거미도 관 입구에 쭉 벌려진 깔때기 모양의 그물을 만들어 먹이를 잡아먹는다. 나팔꽃과 같은 통꽃은 깔때기 모양으로 생긴 꽃잎으로 나비와 꿀벌을 유인한다. 물고기를 잡는 통발도 같은 원리다. 깔때기의 주둥이가 넓고 출구는 좁은 특성 때문에 한번 발을 디디면 되돌아 나오기 어렵다.

시간의 비가역성(非可逆性, irreversibility)을 숙명으로 짊어진 인생도 잠시 멈춰 서기는 하지만, 깔때기처럼 역류하는 일 없이 내려간다. 젊을 때는 이것 저일 다 집적거려 보지만 갈수록 선택의 폭이 좁아지고 결국은 한 가지로 귀결된다. 직업을 선택하거나 평생의 반려자를 정하는 일도 그렇지 아니 한가. 처음이나 시작할 때의 혼란(chaos)은 질서(cosmos)로 마무리된다. 그러니 넓은 길이 좁아졌다고 슬퍼하거나 화낼 일이 아니다.

쌀을 옮기다 보면, 아무리 조심해도 깔때기 바깥으로 얼마간 떨어뜨리기 마련이다. 그때를 대비해서 페트병을 대야 안에 세워두었기 때문에 주방 바닥으로 흩어지지는 않는다. 그리고 보니, 페트병을 자식이라 치면, 대야는 부모 역할을 한다. 먼발치에서 있는 둥 마는 둥 자식을 바라보다가 은근슬쩍 손을 내밀어 주는 것이 부모 역할이 아니던가.

어느덧 쌀자루가 속에 든 것을 모두 비워 내고 바닥에 주저앉는다. 되가 얼마나 후한 지, 하얀 쌀로 가득 찬 페트병이 열 개를 훌쩍 넘어선다. 어느 인심 좋은 쌀장수의 됫박질인들 친정아버지의 마음과 비교할 수 있으랴. 손바닥 위에 놓인 한 톨 한 톨마다 사랑이 깃든 생명의 알갱이다. 대야 안에 떨어진 낱알 몇 개까지 살뜰하게 쓸어 담는다.

바깥일과 가사로 바쁜 며느리의 일손을 눈곱만큼이나마 덜어

주었다는 마음에 절로 어깨가 펴진다. 작업을 마치고 식탁에 앉으니 아까 만들어 둔 커피가 싸늘하게 식어버려 향기마저 가뭇없다. 그러나 그 어느 유명 바리스타(Barista)가 만든 커피보다 더 구수하다. 커피를 마시다 말고 싱거운 생각 하나가 별쭝나게 삐져나온다.

재물 많고 학식 높은 부모를 만나야만 금수저랴. 손수 지은 쌀을 찧어 보내주는 친정아버지, 따로 부탁하지 않아도 그 쌀을 살뜰하게 소분해 주는 시아버지를 둔 며느리야말로 양손에 금수저를 쌍으로 쥔 게 아니고 무엇이랴. 하지만 대낮의 느닷없는 시아버지 호언난설胡言亂說에 며느리가 맞장구를 쳐 줄는지는 정녕 알 도리가 없다.

— 『수필오디세이』 2020. 제4호

땅따먹기

 한 끼 식사에 등장하는 그릇이 지나치게 단출하다. 단순한 것을 좋아하고, 변화를 싫어하는 아내의 성격은 식탁에서도 고스란히 드러난다. 밥그릇, 국그릇에 반찬 두세 가지가 전부다. 혹 찜닭이 오르면 특식이고, 돼지고기 목살 한 근 끊어다 구워 올리면 그야말로 잔칫날이다. 아들 둘 다 솔가하여 떠난 후의 일상이다.
 이렇게 소박한 밥상을 차리는 데도 언젠가부터 의자 네 개 딸린 낡은 엔틱 식탁이 꽉 찬 느낌이다. 벽에 붙여놓은 식탁 가장자리에서부터 반갑잖은 침입군이 가운데를 향해 야금야금 진격하고 있어서다. 침입군의 정체는 바로 갖가지 약통과 약봉지다. 물론 처음부터 그랬던 것은 아니다.
 아이들이 올망졸망 달리고 덩치가 산 만큼 커질 때까지는 끼

니때마다 식탁이 가득했다. 동그랗고 네모난 그릇, 나뭇잎 꽃잎 모양의 그릇에 아이들 좋아하는 음식이 담겨 있었다. 아이들이 떠나고부터 상황이 변하기 시작했다. 점점 줄어드는 반찬과 반비례해서 약통의 가짓수가 시나브로 늘어나더니 식탁의 오 분의 일 가까이 차지한 지 오래다. 종이통, 플라스틱 통을 비롯하여 약국에서 줄줄이 엮은 비닐봉지가 즐비하다.

영양제 몇 개로 상륙한 침입군은 마침내 2개 중대를 편성하기에 이르렀다. 1중대는 아내 약, 2중대는 내 약이다. 아내의 중대는 골다공증 치료제, 칼슘 보충제, 위장약, 관절염약, 진해거담제 소대로 편성되어 있고, 2중대는 고지혈증, 콜레스테롤, 고혈압, 당뇨를 방어하기 위한 소대이다.

침입군은 식탁 위에서 전투를 벌이는 한편으로, 후방에서 시도 때도 없이 미사일을 발사한다. 조금만 틈을 보여도 감기, 독감, 몸살 등 다양한 공격을 퍼붓는다. 가엾은 노병은 자체 면역력으로 물리치지 못하고 주사나 링거의 도움을 받기 일쑤다. 그때마다 병원 처방전에 적힌 약을 전진 배치하는 바람에 또다시 영토를 내어주고 만다. 근년에는 난생처음 보는 코로나라는 특수군의 공격에 속수무책으로 당하기도 했다.

식탁 위에 한번 자리 잡은 침입군은 좀처럼 물러나는 법이 없는데 그게 다가 아니다. 감춰둔 가정상비군이 따로 있다. 거실 장식장 밑 서랍에 포진한 비밀 무기고에는 파스, 범용 감기약,

지사제, 안약, 상처 난 데 바르는 연고를 비롯한 반창고와 붕대가 몸을 감추고 있다. 체온계, 체중계, 혈압계, 혈당측정기, 산소포화도 측정기로 편성된 평화유지군 기계화 부대는 전황을 기록하고 중재한다.

녀석들을 물리치려고 아침저녁으로 한 번에 먹는 약이 한 주먹이다. 영양제와 비타민제에다 보양식까지 상륙시켜 고토 회복을 꾀하지만, 그 또한 언 발에 오줌을 누기인지라 하는 수 없이 적과 불편한 동거 중이다. 하지만 침입군은 언제 휴전을 파기하고, 듣도 보도 못한 낯선 창칼을 불쑥 내밀지 알 수 없다.

그나마 침입군의 공격에 엄정하게 대치한 덕분에 우리 부부는 곳곳에 상처와 흉터투성이이다. 앞으로도 이기는 전투보다지는 싸움이 잦겠지만, 슬퍼하거나 애달파하지 않기로 마음먹은 지 오래다. 아직 백기 투항할 때는 아니라고 도리질하며 두 주먹을 불끈 쥔다.

식탁 위에서 벌어지는 약과의 전투는 어릴 적 배꼽마당에서 동무들과 놀았던 땅따먹기 놀이와 다를 바 없다. 땅따먹기는 평평한 땅에 각자의 말(손톱만 한 납작한 돌)을 정한 횟수만큼 튕겨, 돌이 지나간 자리를 금으로 그어 자기 영역으로 돌아오면 땅을 확보한다. 한 번에 제 뼘보다 짧게 튕겨서 가장 넓은 땅을 차지하는 사람이 승리한다.

돌이켜보면, 인생은 수많은 땅따먹기 놀이로 이어진다 해도 지나친 말이 아니다. 땅따먹기 놀이는 한 번에 튕기는 거리를 한 뼘으로 제한하는 간단한 규칙을 두어 아이들의 지나친 욕심을 경계했다. 놀이가 끝나면 승패는 차치하고, 동무들과 두 손을 맞잡고 깔깔거렸다.

세상의 땅따먹기는 그런 규칙이 없다. 제각각 끝없는 욕망에 사로잡혀 죽기 아니면 살기로 상대방의 땅을 빼앗으려는 아수라의 장이었다. 나도 거기에 휩쓸려 따먹기도 하고 때로 따먹힌 적도 있었다. 상대와 크고 작은 다툼을 벌였지만, 그게 내 안의 나였던 적도 많았다. 내가 세운 목표가 오히려 나를 향해 달려들기도 했다. 배꼽마당의 재미난 놀이로 출발한 땅따먹기가 일상의 피 튀기는 전투를 거쳐, 결국 반의반 평도 안 되는 식탁 위에서 마무리되는가 싶어 헛웃음이 새어 나온다.

작전상 후퇴라는 허울 좋은 명분 아래, 식탁 위의 전장을 언제 침략군에게 내주고 병원이나 요양원으로 싸움터를 옮길지 모른다. 적군의 규모가 중대에서 대대, 연대에서 사단으로 늘어나고 마약성 진통제라는 최후의 무기까지 들이대면 이번 생에 허락된 나의 땅따먹기 놀이가 모두 끝날 것이다. 그 옛날 엄마가 배꼽마당을 향해 밥 먹으러 오라고 소리치면, 두말없이 손을 털고 후다닥 뛰어갔던 것처럼.

오전에 정기 검진을 다녀왔다. 처방받은 우북수북한 약봉지를 정리한다. 새로운 침입군이 없어 그나마 다행이다. 밥이 곧 몸을 보하는 약이라 했으니, 식탁 위에서 밥이나 약을 구차하게 나누는 짓도 딴은 헛일일 테다. 애당초 땅따먹기는 싸움이 아니라 놀이였으니 삶의 여적餘滴을 약봉지 따위와 아옹다옹하는 데 모두 소진해서야 되겠는가.

 내 자리를 내어주고 물러나는 것이 어디 식탁뿐이랴. 누가 한 뼘 달라면 한 뼘 내어주고, 두 발 다가오면 그만큼 물러서면 그만이다. 오다가다 치매란 녀석을 만나, 때맞춰 밥 먹고 약 먹는 것만큼은 까먹지 말아야 할 텐데.

-『수필세계』 2023. 가을호

아름다운 2등

 몇 해 전 텔레비전 코미디 프로에서 '일등만 기억하는 세상'이라는 코너가 있었다. 일등만 추구하는 세태를 풍자하여 많은 시청자를 공감시킨 꼭지였다. 남 먼저 출세해야 하고, 가장 높이 올라야 하고, 제일 잘하는 오직 한 사람만이 성공하는 세상은 마땅히 고쳐야 한다.
 일등만 기억하는 세상은 제로-섬 게임(zero-sum game)과 비슷하다. 한쪽의 이득(+)과 다른 쪽의 손실(-)을 합하면 제로(0)가 되는 게임을 일컫는 말이다. 내가 얻는 만큼 상대가 잃고, 상대가 채우는 만큼 내 주머니가 비는 승자독식의 게임인 만큼 치열한 대립과 경쟁을 불러일으킨다. 모두가 올려다보는 자리, 일등은 위태로운 자리다. 누구든지 가장 높이 올라가면 그때부터는 내려올 일만 남는다. 일등이 아니면 안 되는 세상에서는 일등을 제외하고 모두 이등인 셈이다.

　마라톤 경주에서 2등으로 달리던 선수가 막판에 선두 주자를 제치고 결승점에 먼저 들어오는 장면이 가끔 있다. 앞서 달리는 선수는 바람의 저항을 받기 마련이다. 그 뒤에서 바람의 흐름을 적게 받으며 힘을 비축했다가 막판 힘내기로 앞질러서 우승하는 것이 육상 장거리 종목의 전략 중의 하나라고 한다.

　이런 2등의 지혜는 우리 주변에서도 많이 볼 수 있다. 내가 30년 동안 행정직으로 근무했던 대학은 끊임없이 개혁과 변화를 추구했다. 실험대학, 교수업적평가제를 전국에서 가장 먼저 했고, 교수 연봉제 등도 다른 대학보다 먼저 도입했다. 새로운 제도를 도입하기 위해서는 엄청난 힘이 든다. 많은 교수와 직원들이 기본 임무 이외의 행정에 동원되어야 한다. 갖은 노력을 기울여 새로운 제도를 개발하고 시행한다고 해도, 그 과정에서 부작용이 생기게 마련이다. 여기저기 수정하고 보완하다 보면 기대했던 만큼의 개선 효과가 나지 않을 때도 많다.

　그런데, 옆 대학에서는 우리의 개발 과정을 가만히 지켜보고 있다가 그 결과물을 고스란히 가져다가 썼다. 개발에 따르는 경비와 수고를 들이지 않고 우리 대학에서 겪은 시행착오를 반면교사 삼아 우리보다 더 반듯한 제도를 만드는 것이었다. 우리 입장에서야 허탈하고 얄밉기 그지없지만, 그것이 바로 2등의 지혜가 아니겠는가.

대부분의 대학에서 실시하는 교수업적평가라는 것도 만능인 교수가 되라는 것이었다. 교수는 연구실적도 높아야 하고, 교육이나 학생 지도는 물론이고, 지역사회나 국가에 봉사까지 잘해야 한다고 기준을 정한다. 대학뿐만 아니라, 교육부에서 대학을 평가할 때도 똑같은 잣대를 들이댄다. 교육, 연구실적, 시설이나 설비, 취업률 등 어느 하나 빠짐없이 모두 잘하고 좋아야 한다고 다그친다.

대학의 행정과 나라의 교육 정책이 이러하니, 대학입시제도가 그렇지 않다면 오히려 이상하다. 해마다 바뀌는 입시요강은 대학 입학에 목을 매고 있는 학생이나 학부모는 어리둥절하다 못해 어지러울 지경이다. 국, 영, 수는 물론이고 과학, 사회, 역사도 1등급이어야 하고 음악, 미술 같은 예체능 과목 한 가지라도 1등급이 아니면 원하는 대학에 못 들어간다. 자기가 가진 재능 중에서 한두 가지를 계발하고 잘하라고 하는 것은 수긍이 간다. 하지만, 한 사람이 모든 것을 잘하라는 것은 억지가 아닐 수 없다.

중국 춘추시대 제나라 안자晏子의 인재 가려 쓰는 법을 상기해보자. '땅마다 자라는 것이 다른데, 그곳에 한 종류만 심어놓고 모든 것이 다 잘 자라기를 바라는 것은 잘못된 것이다. 마찬가지로, 사람마다 능력이 다른데 모든 일을 두루 다 성취하라고 강요하는 것도 불가하다. 자신에게 없는 능력을 발휘하라고 하면, 아무리 지혜로운 자라도 능히 해 낼 수 없다.'라고 갈파하고 있다.

조선말 여항시인 이수익李受益도 〈연초교취庭草交翠〉라는 시를 지어 '사람도 저마다 남이 대신할 수 없는 존재 가치를 지니고, 나름대로 최선을 다하는 귀중한 존재'라고 역설했다.*

廷草本非種 春風自發生 정초본비종 춘풍자발생
惟有色別香 無數亦武名 유유색별향 무수역무명

마당에 난 저 풀들은 심은 것이 아니건만
수없이 이름 없이 봄바람에 절로 나서
저마다 빛깔도 따로따로 향기도 따로따로

수많은 2등이 저마다의 특성과 능력을 발휘하고 인정을 받을 수 있어야 살맛나는 세상이다. 세상에 2등이 얼마나 많은가. 형제간에도 공부 잘하는 아이가 있는 반면에 예의 바르고 착한 아이가 있기 마련이다. 수학 잘하는 학생이 있으면 피아노 잘 치는 학생이 있고, 연구 잘하는 교수가 있는 반면에 학생 지도를 헌신적으로 잘하는 교수도 있다.

2등이 있어야 1등이 있다. 저마다 귀하고 소중하다. 함께 격려하고 손잡고 가야 한다. 어쩌면 우리 모두가 아름다운 2등인

지도 모른다.

*손종섭님의 『손 끝에 남은 향기』 30쪽에서 인용함.

— 『수필사랑』 2022. 제34호

내 자리

　종형의 부음을 받았다. 올해 들어 자리보전하는 날이 잦으시더니 그예 고단한 세상의 끈을 놓으셨다. '슬픔은 산 자의 몫으로 남기고 미움으로 무거워진 마음이 있거들랑 다 털어 내고 깃털처럼 가벼이 가소서.'
　조문하고 자리에 앉았다. 마침, 앉은 자리가 빈소 앞이라 국화 송이에 둘러싸인 영정이 마주 보인다. 예전 같으면 두건 쓰고 상주 노릇을 해야 하는 처지다. 간편과 생략이 판을 치는 요즘 시류에 따르기는 해도 한겨울 마당에 내놓은 짚방석에 앉은 듯 마음이 버성긴다.
　밤이 이슥하니 조문객의 발걸음이 뜸하고 가까운 일가붙이만 남았다. 고인의 행장行狀이 이 입 저 입을 통해 굽이굽이 펼쳐지는 와중에, 옆에 앉았던 사촌 처남이 싱거운 소리를 한다.

"이제 다음 차례는 누고?"

그는 손아래이지만, 나보다 한 살 위라 터놓고 지낸다. 좌중을 한 바퀴 휘~ 돌아가던 시선이 나한테 와서 멈춘다.

"이제 남자들로는 처남이네."

"맞다, 이제 내 차례다."

"처남, 최고 어른 자리에 앉아 장기 집권하겠네."

고인과 나의 연치가 십 년 넘게 층이 지는 것을 두고 하는 말이다. 마주 앉아 있던 조카가 무심하게 한마디 거든다.

"그거는 알 수 없는 일이지요."

그도 그렇다. 태어나는 순서는 있어도 가는 순서는 없다. 고인이 내려다보는 저 자리는 살아서는 결코 다다르지 못하는 곳이다. 수만 걸음으로도 당도할 수 없지만, 한 걸음 삐끗 잘못 디뎌도 올라설 수 있는 자리다. 국화에 둘러싸인 영정이 놓인 곳과 내가 앉은 자리의 거리는 불과 십여 미터지만, 그 시간의 틈이야 누가 어찌 알겠는가.

영정 속의 고인이 빙그레 웃으며 말씀하는 듯하다.

"여보게, 여기가 아우 자리일세."

용상에 오를 태자 책봉 번호표를 받고 보니 기분이 묘하다. 내가 저 자리에 앉아서 조문객을 내려다보는 그림이 얼핏 스쳐지나간 다음부터 무시로 그곳으로 눈길이 간다.

연필과 나

잘 깎은 연필에서는 사과 냄새가 난다. 전투에 나가는 병사가 총기를 손질하듯, 농부가 벼 베기 전에 낫을 벼리듯 나는 글쓰기 전에 연필을 깎는다. 나무의 속살이 넉넉하게 보이도록 깎은 다음, 까만 심을 날씬하게 다듬는다. 잘 깎은 연필을 가까이 두면 글이 잘 될 것 같은 기분이 든다. 나만의 최면이다.

내 책상에는 몽당연필과 장다리를 합쳐 서른 자루 정도가 연필꽂이에 꽂혀 있다. 바깥나들이는 항상 장다리 몫이고 몽당연필은 하나도 버리지 않고 고이 모셔둔다. 외려 짧을수록 더 애틋하다. 깎여 없어진 상처는 자신을 희생하여 나의 어쭙잖은 글로 맞바꾼 흔적이기 때문이다. 몽당연필의 공과 결실이 적지 않으니 귀한 대접을 하지 않을 수 없다.

옛날에는 종이, 붓, 먹, 벼루가 문방사우로 선비들의 사랑을 받았다. 추사 김정희 선생은 평생 벼루 열 개를 구멍 내고, 천 자루의 붓을 닳게 하여 추사체를 완성하였다. 요즘은 컴퓨터와 키보드, 태블릿과 마우스를 신 문방사우라 일컫는다고 한다. 누구는 모두 다 뭉뚱그려 스마트폰 하나만 내세우기도 하는 모양이다. 하지만 나는 연필과 지우개, 컴퓨터와 프린터를 신 문방사우라 정하고, 그중에서도 연필을 가장 먼저 꼽는 데 주저하지 않는다. 연필이 붓, 먹, 벼루의 세 가지 역할을 도맡고 있기 때문이다.

연필은 내가 노래를 부르면 부르는 대로, 말하면 말하는 대로 가감 없이 종이에 고착시킨다. 연필 심芯이 제 몸을 갈아 나의 마음(心)을 붙들어 매는 순간 말이 글로 바뀐다. 생각이나 가슴의 울림이 머릿속에만 머물 때는 내 것이 아니다. 울림이 글이 되어야 비로소 나로 남는다. 연필은 말이 샘솟을 때까지 하염없이 기다려 주고, 잠시만 틈을 주면 빠져나가려고 애쓰는 생각을 도망치지 못하도록 가두어 두기도 한다. 이렇듯 내 안에 고여 있던 언어, 생각과 느낌을 탈출시키는 것은 오롯이 연필의 몫이다.

연필의 역사는 유구하다. 연필은 약 2,000년 전 그리스·로마 사람들이 둥근 납덩이로 노루가죽에 기호를 표시한 것에서 비롯되었다. 16세기 초기에는 흑연을 끈으로 감싸서 그림을 그렸다. 18세기 말에는 프랑스의 콩테(Conte)가 흑연과 진흙을 섞어

심을 고온에서 굽는 방법을 고안하고 실용화하기에 이르렀다. 초기의 연필 모양은 둥근 모양이었으나 제작 과정을 기계화하면서 육각형 모양이 연필의 표준으로 자리매김했다.

흑연과 진흙의 비율에 따라 연필심의 단단한 정도가 다르다. 9H부터 1H, F, HB, 1B에서 9B까지 수많은 종류가 있다. 연필을 분류하는 데 쓰는 기호인 'H'는 Hard의 약자이며, 숫자가 클수록 더 단단하다. 'B'는 Black의 약자인데, 숫자가 클수록 무르고 진하다. 심이 무르면 종이에 흑연이 잘 묻고, 잘 번진다. 심이 단단하면 자국이 잘 남지 않고 지저분해지지 않는다.

나는 공업고등학교에 다닐 때, 기계 제도를 하느라 2H 연필을 사용한 것 빼고는 습관적으로 HB 연필을 써왔다. 그러다가 심을 따로 넣는 샤프펜슬이 나오고부터는 연필 사용이 눈에 띄게 줄어들었다. 그마저도 타자기와 컴퓨터를 쓰면서부터 더욱 뜸하게 되었다.

퇴직하고, 수필을 배우면서 다시 연필을 많이 쓰게 되었다. 글의 얼개를 짤 때 스케치북을 이용했다. 얼개 짜기가 도깨비방망이 휘두르듯이 어디 한 번 만에 뚝딱 되는 일이던가. 썼다가 지우고, 또 고치다 보니 HB 연필은 딱딱하여 잘 지워지지도 않을뿐더러 지우고 나면 파인 흔적이 눈에 거슬렸다. 그래서 2B 연필로 바꾸었더니 종이 위를 스치는 감촉이 부드럽고 농담도 적당했다. 거기다 지운 흔적까지 거의 남기지 않아 금상첨화였다.

  2B 연필은 포인트 리텐션(point retention)*이 좋은 편이 아니라 자주 깎아야 하지만, 조금도 불편하게 생각하지 않는다. 오히려 연필심을 다듬으면서 한 발 물러나 무뎌지는 초심을 다잡을 수 있어서 좋다. 일본의 소설가 무라카미 하루키는 F 등급만 쓴다던데, 나는 그때 이후로 2B 연필만을 고집한다.

  2B 연필로 얼개 짜기를 하면 기분이 좋아진다. 스케치북 위에서 사각거리는 연필의 발걸음 소리를 듣는 것만으로도 마음이 편안해진다. 자판을 두드려 만든 글을 프린터로 출력하여 퇴고하거나 교정 볼 때도 2B 연필을 사용한다. 이렇게 나의 수필은 2B 연필로 시작하고 2B 연필로 마무리하는 셈이다.

  젊었을 때는 심이 단단한 연필을 주로 썼다. 새파랗게 세운 날은 강하고 날카로웠다. 단단한 연필심으로 쓰면 잘 지워지지 않듯이, 한번 세운 주장을 굽히지 않고 고집을 부렸다. 날카로운 심으로 상대의 마음을 아프게 하거나 상처를 남기기도 했다. 이제는 무르고 진한 2B 연필을 사용한다. 너무 진하지 않고 딱딱하지도 않은 2B 연필심이 어울리는 나이가 된 것이다. 힘의 강약을 조절해서 연하게 쓸 줄 알고, 한 번 쓴 것을 흔적 없이 지우기도 한다. 연필만 무른 거로 바꿀 게 아니라, 글도 딱딱하지 않고 사고思考도 부드러워져야 할 터인데 하는 마음이 자꾸 든다.

글을 쓰다 보면 연필을 지탱하는 오른손 중지 첫 번째 마디에 굳은살이 박인다. 굳은살은 내 글쓰기의 성실함을 재는 바로미터이며 흔들리는 나를 단단하게 붙들어 매어 주는 심芯이다. 게으름을 부리다 굳은살이 빠지거나, 글이 중심을 못 잡고 가리산 지리산으로 헤매는 날은 심이 무뎌진 연필을 몽땅 꺼내 놓고 하나씩 깎는다. 맵시 있게 잘 깎은 연필을 연필꽂이에 가득 채워 두면 까닭 없이 포만감에 휩싸인다. 그예 글을 쓰고자 하는 전의가 불타오른다.

연필심을 깡총하게 다듬듯이 글도 잘 벼려야 한다. 연필에 심(芯, core)이 있듯이 사람도 가벼이 흔들리지 않는 심지心志가 있어야 한다는 말이다. 문장이 목에 걸려 빠져나가지 못하면 질식할 것 같은 고통을 느껴야 한다는데, 마음은 다듬지 않고 아직도 연필 타령이나 하는 내가 한심하다. 그러나 몽당연필은 나를 글쓰기의 치열함으로 안내하는 지팡이다. 어찌하다가 생명을 얻어 훨훨 날아간 내 글이 하나 있어 독자에게 작은 위안이 된다면 그것은 짧아진 연필의 공이 아닐 수 없다.

나의 사기를 높이기 위해 애꿎게 손질 당한 몽당연필들이 내뿜는 나무 향이 방안을 감싼다. 몽당연필과 내가 부르는 노래에 맞춰, 추사 김정희 선생의 서권기書卷氣가 내려와 너울너울 춤추는 꿈을 꾸어 본다.

* 포인트 리텐션 (point retention): 연필을 다시 깎기 전까지 연필심의 뾰쪽한 끝을 얼마나 잘 유지하는지를 나타낸다.
* 서권기書卷氣: 책을 많이 읽고 교양이 쌓여, 몸에서 풍기는 책의 기운.

－『수필사랑』 2020. 제32호

초점

　아내가 강아지 제 꼬리 물듯 종종걸음을 놓는다. 아까부터 타는 냄새가 난다고 중얼대며 두리번거린다. 혹시 다른 집에서 나는 냄새인가 싶은지 현관문까지 열고 코를 킁킁거린다. 그러다 "엄마야, 여기서 연기가 난다!"라면서 신문지를 둘둘 말아 쥐고 소파 팔걸이를 팡팡 두드린다.

　깜짝 놀라 달려가 보니, 팔걸이에 난 새까만 구멍에서 하얀 연기가 모락모락 새어 나오고 있다. 불씨가 소파 가죽을 뚫고 내장재까지 침범하는 중이다. 부리나케 물을 떠 와서 부으니 엄지손톱만 한 구멍 하나를 남기고 꺼진다.

　담배를 피우지도 않는데 멀쩡한 소파에 어떻게 불이 났을까. 구멍 주위를 살펴보니 팔걸이 옆 탁자에 얹어 놓은 연필꽂이에 손잡이 달린 돋보기가 꽂혀있다. 렌즈가 작은 접시만 하다. 아내는 무심결에 돋보기를 연필꽂이에다 꽂아 놓았다가, 자칫 사람이 없었으면 큰일 날 뻔했다고 가슴을 쓸어내린다.

사태를 분석해 보니, 아침나절 좋은 햇볕이 유리알을 통과해 공교롭게도 소파 팔걸이에 초점이 맞춰졌고, 그예 열이 올라 가죽을 태우면서 일어난 사달이다. 등산객이 두고 간 물병이 돋보기 역할을 해서 대형 산불로 번진다는 보도를 들은 적이 있었으나, 우리 집 거실에서 화재가 일어날 뻔했다니 다시 생각해도 아찔하다.

빛이 돋보기를 통과하면서 굴절되어 한 점에 모이는 것을 초점이라 한다. 초점은 집중이다. 집중이 절정에 달하면 발화한다. 한 시점, 한 점에서 모든 것을 불태운다. 그 시점을 놓치면 빛살이 먼지처럼 흩어지고 마는 것처럼 인생도 어느 알맞은 시기에 무슨 일에 초점을 잘 맞추어야 성공할 수 있다. 인생의 초점은 언제, 어디에 맞추어야 할까.

사람마다 목표하는 바가 다르겠지만, 이루고자 하는 일을 성취하고 경제적인 안정을 갖추는 것을 성공이라 여긴다. 명예든 권력이든 경제력이든 성공은 빠를수록 좋다 하고, 성공한 삶을 행복이라 믿는다. 그래서 젊을 때 목표를 달성하기 위해서 죽을 힘을 다한다. 눈빛이 새파랗게 살아 있다. 그러나 나이가 들면 매사에 의욕이 없어지고 형형하던 눈의 광채도 점차 흐릿해진다. 에너지가 가장 왕성한 절정의 시기, 초점을 넘긴 탓이다.

철학자 김형석 교수의 행복에 대한 생각은 조금 달랐다. 행복은 사랑하는 사람을 위해 함께 고생하는 것이며, 100세 넘게 살아 보니 인생 절정의 시기는 65세에서 85세 사이였다고 했다.

나는 노 석학이 말한 황금기의 입구에 접어들었지만, 인생의 절정은커녕 마음과 몸이 사그랑주머니가 되었다. 도전과 열정은 시나브로 줄어들고, 침침한 눈을 감았다 뜨면 까만 벌레가 이리저리 춤춘 지가 오래다. 나도 이러하니, 집안에 나이 드신 분의 눈길은 오죽하랴.

지난 설날 아침, 큰 집으로 차례를 지내러 갔다. 나이가 가장 많은 사촌 형수님이 현관까지 나와 반겼다. 자세히 보니 눈의 초점이 많이 흐려져 있었다. 평생 마음가짐이 깨끗했고 꼿꼿한 자세를 흩트린 적이 없었던 분이었다. 형수는 아흔이 넘고 보니 겨울이면 감기가 끊이지 않고, 가는 귀도 먹는다고 내 손을 붙잡고 넋두리했다.

형수님은 사십 대 초반에 혼자가 되었다. 형님과 결혼한 후, 한때는 서문시장에서 뻥튀기 공장과 도매상을 함께 운영했다. 형님은 부지런하고 사업 수단이 좋았다. 술, 담배도 하지 않았다. 한 가지 흠이라면 도박에 한 번 빠지면 헤어날 줄 몰랐다. 갖은 고생을 다 해서 조금 일어설 만하면, 노름방으로 달려가 호박씨를 까서 한입에 털어 넣었다. 결국, 사업이 기울어 어린 4남매만 남겨둔 채 일찍 세상을 떠나고 말았다.

형님이 떠나자, 받을 돈은 못 받고 줄 돈은 주머니의 송곳처럼 불쑥불쑥 튀어나왔다. 빚을 모두 청산하고 나니 기어서 들고 날 오두막집 한 채 달랑 남았다. 음전하게 남편 사업 뒷바라지만 하던 형수는 곧바로 차가운 생활 전선에 내던져졌다. 여름에는 과일 몇 개를 광주리에 담아 팔았고, 겨울에는 다섯 켤레 천 원하는 양말을 묶어놓고 팔았다. 시장 난전 자릿세도 낼 형편이 안 되어 들머리에서도 한참 벗어난 길가 장사가 신통할 리가 없었다.

그런데도 어린 자식들이 다 클 때까지 억척스럽게 혼자 헤쳐나갔다. 자식들을 모두 제 앞가림하도록 훌륭하게 키워냈다. 그중 둘째 아들은 S그룹의 임원에까지 올라 있다. 남들 같으면, 고생 끝에 이룬 아들의 성공을 보란 듯이 자랑하고 다닐 텐데 처음과 다름없이 겸손하고 검소하게 살았다. 이제는 어디 맛난 것 있으면 찾아다니고 좋은 데 구경이라도 다니면 좋으련만, 초점 없는 시선으로 멍하니 앉아 있었다. 세월의 무상함에 가슴이 저렸다. 그러나 바람 빠진 풍선 같은 가냘픈 모습에도 타고난 선량함이 배어 있고 책임과 의무의 더께를 벗겨낸 후련함이 얼굴에 오롯이 묻어있었다.

선가禪家에 목격전수目擊傳授라는 말이 있다. 입으로 말하지 않고 눈빛이 마주칠 때 전해준다는 뜻이다. 눈은 말보다 정직하다. 고함지르듯 해야 겨우 알아듣는 형수님과 무언의 대화를 나누었다. 가난했지만, 어린아이들을 키우던 그때가 좋았었다고 말하는 듯했다. 형수에게는 사랑하는 자식들을 위해 고생했던 그때가 절정이었을 것이다. 나이 들면서 젊었을 때 모습과 기상을 그대로 지닌 사람이 있을까마는 형수님의 초점 잃은 흐릿한 눈을 보니 곧 닥쳐올 내 모습을 보는 것 같아 마음이 무거웠다.

소파의 화재를 수습하고 거울 앞에 섰다. 초점 잃은 사내의 눈이 허망해 보인다. 그게 아니라고 눈을 끔벅거리고, 손등으로 눈두덩을 비벼본들 나아질 리가 없다. 행복의 의미를 간과한 채 모래성을 쌓느라 젊은 날을 허망하게 흘려보낸 탓일 것이다.

지나간 세월을 되돌리지 못한다면, 초점이 맞지 않는 흐릿한 눈으로나마 가족과 이웃을 사랑으로 바라볼 수 있으면 좋겠다. 그도 저도 안 되면, 하루하루 글 쓰고 책 읽으며 살 수만 있어도 행복하겠다.

— 『선수필』 2022. 가을호

그나마 다행

 내 말 한마디 끝에 마주 앉은 사람이 머리를 자꾸 앞으로 내민다. 아차, 하며 목청을 바로 높인다. 말에 마침표를 찍기도 전에 예?, 예? 하며 되묻는 경우도 마찬가지이다. 곧바로 입 모양을 바로잡는다.
 어떤 분은 나에게 강의를 맡기려고 해도 시원찮은 발음 때문에 망설인다는 말을 전해 들었다. 어쩌다 여러 사람 앞에 설 때는 청중분께 미리 앞자리로 옮겨 앉아 달라고 부탁한다. 의식적으로 또박또박 말해야 하는 것도 여간 고역이 아니다.
 나이가 드니 부실한 게 그뿐 아니다. 치아가 그렇고, 비염에다 눈도 도수 높은 안경 신세를 지는 처지다. 그래도 아직 쓸 만한 것은 청력이다.
 귀는 인간이 숨을 거둔 다음에도 가장 늦게까지 작동한다고 한다. 입에 단 음식, 보기 좋은 것은 많은 사람이 탐하지만, 좋은 소리 듣는 데 욕심부리는 사람은 드물다. 귀는 다른 기관보다 욕심을 부리지 않고 정직하기 때문이지 싶다. 들리는 소리를 곧이곧대로, 단말과 쓴 말을 가리지 않고 뇌에 전달 한다. 칭찬과 욕설을 걸러내지도 않는다. 다만, 주인이 마음대로 듣고 싶은 말로 바꾸어 새기는 것은 충직한 귀로서도 어찌할 도리가 없다.

입은 귀와 다르다. 입을 통해 하는 말은 '표현하기'와 '감추기'라는 두 가지 기능이 있다고 한다.* 평소에 내가 하는 말을 곰곰이 생각해 보아도, 마음을 밖으로 표현하거나 속마음을 감추고 미화하는 경우가 대부분이다. 솔직히 말하자면, 후자가 훨씬 많은 게 문제이긴 하다. 내가 본 것과 들은 사실을 거짓으로 꾸미거나 풍선처럼 부풀리지 말았어야 했다.

말이라는 게 봄바람같이 하늘거리다가 갑자기 면도날보다 날카롭게 변하기도 한다. 상대에게 겨눈 비수가 어느새 나를 향한 게 어디 한두 번이었던가. 하여 가급적 말을 줄이고, 꼭 해야 할 처지가 되면 짧고 분명하게 하려고 한다. 내 말의 효용성이 침묵보다 높지 않다는 것을 느지막이 깨달았기 때문이다. 말을 줄인다고 내 안의 감정이나 머릿속 생각까지 가벼워지지 않는다. 내 말은 입 안에서 은구슬처럼 굴리되 되도록 내뱉지 않으려고 하고, 남의 말은 골목길 채소 장수의 거친 확성기 소리일지라도 베토벤의 영웅 교향곡인 양 귀를 기울인다.

  말도 말이려니와, 글도 마찬가지다. 옛날처럼 젊은 혈기를 앞세워 마음을 가벼이 드러내지 않고, 입보다 귀를 상석에 앉히고 공경하다 보니 설화舌禍나 필화筆禍를 일으킬 일이 그만큼 적다. 절로 군자의 몸가짐에 가까워진다. 그런데, 술이 한잔 들어가면 애써 얻은 그 지혜도 말짱 도루묵이 되어 버린다. 이거야말로 큰일이 아닐 수 없다.

  * 최진석,『나 홀로 읽는 도덕경』, 시공사. 2021.

—『수성문학』 2025. 제5호

비눗방울에 갇힌 남자

    비눗방울이 하늘로 올라간다. 무지개를 아로새긴 크고 작은 방울 안에 한 남자가 오도카니 앉아 있다. 바이러스라는 미물에 굴복하여 무릎 사이에 머리를 박고 미동도 하지 않는다. 종아리를 감싼 두 손으로 깍지를 낀 채 웅크리고 있다.

    나는 얇디얇은 비눗방울을 방패 삼아 인류라는 범주로 뭉뚱그려지지 않는 단독자(單獨者, Der Einzelne)가 되어 완벽한 자폐에 빠져든다. 비눗방울에는 유有와 무無만 존재할 뿐, 균열이 없다. 문門도 따로 없어 드나들지 못한다. 만물의 영장이라 거들먹거리던 남자가 그 속에 갇혀 있는 허망한 꼴이라니. 투명한 막을 버티는 미미한 표면장력을 믿고 숨어든 모습이 처량하기 짝이 없다.

    봄부터 코로나 19 공습이 시작되었다. 꽃 천지를 기다리던 마음과 산하를 갈빛으로 꽁꽁 묶어놓고 엄청난 기세로 공격을 퍼부었다. 오가는 교통이 줄어든 휘휘한 시가지에는 환자를 실은 119구급차만 요란한 사이렌을 울리며 동서남북으로 내달렸다. 그 서슬에 길녘에 비켜 서 있던 플라타너스는 움찔거렸고 세상 구경하러 나오려던 연둣빛 새 움은 기지개를 켜다 말고 자지러들었다.

 시민들은 도시 폐쇄라는 말이 나오기도 전에, 지레 문고리를 잠그고 그 속에서 새가슴을 할딱였다. 기세가 오른 코로나 19는 인간을 밀폐된 공간에 가두어 놓고 '인간이 지배하지 않는 세상'을 만들려는 야욕을 감추지 않았다. 인간들에게 일상을 허락하지 않고 제왕처럼 군림하던 코로나가 석 달여 지나자 한풀 꺾이기 시작했다. 공간의 개폐권과 출입권조차 빼앗긴 처지에서 들고 나는 자유를 겨우 허락받았다.

 다섯 살배기 쌍둥이 손녀를 데리고 월드컵경기장 광장으로 바깥바람을 쐬러 나갔다. 경기장 주변은 나무를 베고, 숲을 밀어붙여 난 생채기를 시멘트로 메꾸어 회색빛 일색이다. 삼라森羅가 인간을 위해 존재한다는 편견에 더해, 인간이 만상萬象을 마음대로 주무를 수 있다는 아집까지 고스란히 보여 주고 있지만, 쌍둥이는 아랑곳하지 않는다. 겨울 같은 봄이 다 가도록 방 안에만 갇혀 지내다 해방된 나들이가 좋은지 이리 뛰고 저리 내달린다. 머리카락이 함빡 젖도록 햇살로 목욕한다.

잠시 후 쌍둥이는 엄마 아빠와 함께 비눗방울 놀이에 빠져든다. 플라스틱 분사기가 밤톨 크기, 탁구공만 한 비눗방울을 쉴 새 없이 만들어 낸다. 비눗방울 만드는 방법도 세월 따라 변하는가 보다. 내가 어릴 적, 누런 보리 짚을 비눗물에 담갔다가 입으로 불어 만들었던 소담한 비눗방울이 아니다.

"할아버지, 비눗방울에 무지개가 떴어요!"

나비처럼 춤추는 무지개 방울을 좇아가는 쌍둥이를 바라보는 할아버지의 실눈이 시리다.

무지개를 품고 있는 비눗방울은 태생적으로 상승 기류를 타고 위로 또 위로 간다. 사람들은 온 세상의 시름과 오염도 함께 비눗방울에 실려 날아가리라 기대한다. 그래서 종이비행기든 풍선이든 풍등風燈이든 하늘로 떠오르는 것을 보면 쉽게 동심으로 돌아가 기분이 들뜬다. 소지燒紙를 살라 하늘로 올려보내며 부정을 없애 달라고 빌기도 한다.

비눗방울은 그 안에 공기를 담고 있는 둥근 모양의 비누 필름층이다. 이 필름의 두께는 거의 빛의 파장에 가까워 도달한 빛 일부는 바깥층에서 반사되고 일부는 안쪽에서 반사된다. 이 두 개의 반사광이 서로 간섭해 무지개의 일곱 색을 만든다.

인간도 일곱 가지 색깔, 칠정(七情: 喜怒哀樂愛惡慾)으로 만든 무지개를 하나씩 품고 있다. 사랑의 씨줄과 미움의 날줄로 직조한 색동무늬는 제각각의 삶이다. 누구의 무늬는 빨간빛이 많고 누구는 보라색 투성이다. 또 다른 이는 무늬조차 만들지 못하고 얼룩으로 남기도 한다. 그게 부끄러워 비눗방울 안에 숨어들어 자기 눈과 귀를 가리기 바쁘다. 바깥에서는 사냥꾼이 머리만 덤불에 들이밀고 있는 사슴 보듯 훤히 들여다보이는데, 갇힌 자들만 모르고 있다.

코로나가 만든 밀폐된 비눗방울에 갇힌 나도 지나온 삶을 반추해 본다. 하고 싶은 것이 많아서, 할 수 있는 것이 없어서 평생 꿈만 꾸며 살았다. 급한 마음에 가까운 사람들의 가슴에 면도칼로 상처를 내고 심지어 가족에게도 날카로운 송곳을 들이댔다. 허상을 좇아 헛손질하고 쓸데없는 물욕, 명예욕을 비눗방울에다 실어 보겠다고 안간힘을 쓰다가 제물에 녹초가 되기도 했다. 그 무거운 것들을 싣고 어찌 벽공碧空에 오를 생각을 하였는지 부끄러워 몸 둘 바를 모르겠다.

이제 와서 회한에 젖은 눈물을 글썽여도 '내가 태어난 이유'와 '지금 이 자리까지의 귀결'을 설명하지 못한다. 내 삶의 마지막이야 코로나가 거두어도 좋고, 부지불식간에 하늘이 불려 간들 내가 상관할 바가 아니다. 다만 일상의 즐거움과 맞바꾼 비눗방울에 갇혀보니 인생이란 하늘에 다다르기도 전에 무화霧化하는 허망한 존재임을 알겠다.

요즘 들어 유별스레 푸르른 하늘로 비눗방울 풍선이 올라간다. 바이러스가 강제強制한 인간의 겸허함이 지구를 잠시 쉬게

한 모양이다. 쌍둥이의 웃음소리를 타고 아들 녀석의 입꼬리가 절로 올라간다. 문득 고개를 돌려 쌍둥이 보느라 갇혀 사는 것이 지겹고 힘들지 않으냐고 나에게 말을 건넨다.

"언젠가 내가 너희들에게 짐이 되겠지만, 힘을 보탤 수 있는 지금이 고맙고 편하다."

짧은 대화 끝에 아들의 따뜻한 눈빛과 마주친다. 기저 질환이 있는 나더러 외출이나 다른 사람과 만남을 삼가야 한다고 전에 없이 곰살가운 걱정까지 건넨다. 자식에게 부모란 일상 속의 정물靜物이었을 것이다. 아무 일 없을 때는 있는지 없는지조차 신경 쓰지 않았던, 봐도 그만 아니 보아도 그만이던, '가족'이 시련과 고난을 덮어주고 감싸주는 '보자기'라는 것을 깨달은 모양이다. 미물인 바이러스가 가족의 소중함을 부자父子에게 새삼 일깨워준다. 마음을 열면 세상에 스승 아닌 것이 없다.

절대 순수가 도달할 궁극점은 '존재하지 않음 ; 無'이다. 꼬이거나 뭉친데 하나 없는 순수함으로 가득 찬 쌍둥이의 비눗방울이 무지개를 타고 하늘로 올라간다. 나도 가시에 찔려 "팡" 하고 가뭇없이 사라지는 순간까지 깨끗해지고 싶다. 그러기 위해서 비눗방울에 갇혀 독존獨存을 꿈꾸는 남자는 더 맑아져야 하리. 햇살 가득한 오늘처럼 더 가벼워져야 하리.

- 『선수필』 2020. 겨울호

조이섭의 Aphorism

■ **구름**

파란 하늘에 떠 있는 구름만 봐서는 흘러가는지 모른다. 건물 꼭대기든 나무 우듬지든 기준으로 삼을 물체가 있어야 한다.
인생도 그렇다. 내가 어디로 가는지 혼자서는 알 수 없다. 다른 사람이 봐주거나, 나와 비교할 상대가 있어야 한다.

■ **가르치지 않아도**

손자 호윤이가 게임에 이겨서 할머니 손목을 때리게 되었다. 잔뜩 들어 올린 팔로 세게 내리치는 시늉 끝에 손가락으로 손목을 살짝 건드리다 만다. 그러고는 '내가 대신 맞는 게 낫지' 하며 눈물을 글썽인다.
쌍둥이 손녀들은 내일 할아버지 집에 간다니까 저녁 늦게까지 놀던 녀석들이 9시가 되기도 전에 잠자러 들어갔단다, 일찍 일어나야 한다고. 이튿날은 아침부터 저녁까지 온종일 할아버지 집에 가자고 설레발을 쳤단다. 어쩐지 나도 쌍둥이가 현관문을 열 때까지 아무 일도 손에 잡히지 않더라니.

제4부

그 밖의 사람들

어느 조직이든 어디에나 있는 그들은 무대배경에 불과하다. 주인공 뒤에서 병풍 역할을 하거나 풍경에 지나지 않지만, 마치 처음부터 거기 그렇게 있었던 것처럼 너무도 익숙하게 자리 잡고 있다.

- 그 밖의 사람들
- 줄지 않는 감자탕
- 입장마
- 문門
- 가까이 보면
- 늙는 데 보태준 것 있나
- 연지회상蓮池會上
- 처음처럼
- 나도 팔짱을 끼고 싶다
- 눈물 둑
- 신륵사의 거북이
- 이소離巢와 귀소歸巢

그 밖의 사람들

　지인의 작품 전시 개막식이다. 예사 전시회와 달리, 정장을 갖춰 입은 사람들이 가득하고 화환이 즐비하다. 웬일인가 싶어 고개를 갸우뚱거린다. 뜻밖에 작은 문화단체장 선거 출정식을 겸하는 자리라고 한다.
　내로라하는 인사들의 축사가 이어진다. 지인의 업적을 치켜세우거나, 지역 문화 예술계에 꼭 필요한 사람이라는 둥 상찬의 발림소리가 넘친다. 그다음에는 밑도 끝도 없는 제 자랑에 여념이 없다. 정작 주인공은 차례가 오자 간단한 인사말로 끝을 맺는다. 축하 인사받기 바쁜 지인의 눈도장을 찍기 바쁘게 서둘러 자리를 빠져나오고 만다.
　귀하신 분들의 축사나 인사말 첫머리와 끝에는 약속이나 한 듯 '추운 날씨에도 불구하고 참석해 주신 국회의원, 기관장, 부서장, 회장, 사장님과 그 밖의 많은 분께 감사드린다.'라는 말이 약방의 감초처럼 들어 있다. 나는 공연히 '그 밖의 사람'이 되어 금 바깥으로 밀리고 보니 마음이 허탈하다.

여태 살아오는 동안, 수많은 행사나 모임에서 내가 '그 안'의 사람이었던 적이 몇 번이나 될까. 나와 아이들 결혼식, 몇 안 되는 상을 받았을 때 정도이다. 그마저도 수상자 대표가 아니어서 '그 밖의 수상자'에 속했으니 참으로 손가락으로 꼽을 만큼 드물다.

그 밖의 사람들이란 아무것도 아닌 사람을 말한다. 아니, 내세울 만한 게 변변찮아서 아무도 의식하지 않는 존재인지도 모른다. 그들은 어두운 골목길에 다 타서 내다 버린 연탄재, 옆구리가 터질 만큼 부풀어 오른 종량제 봉투이거나 구석에 숨어 있는 까만 비닐봉지이다. 그도 아니면, 전봇대의 알맞은 눈높이에 붙어 나부끼는 '월세 있음' 광고지일 수도 있다. 세로로 칼집을 내어 만든 전화번호를 누가 몇 개 떼어갔는지 아무도 신경 쓰지 않는 그런 시시한 사물 같은 존재가 바로 그 밖의 사람들이다.

어느 조직이든 어디에나 있는 그들은 무대배경에 불과하다. 주인공 뒤에서 병풍 역할을 하거나 풍경에 지나지 않지만, 마치 처음부터 거기 그렇게 있었던 것처럼 너무도 익숙하게 자리 잡고 있다. 그 밖의 사람들은 서로를 알아보지 못하고 알려고 하지도 않는다. 서로 무관심할 뿐, 멸시하거나 비웃지 않는다. 부끄럽게 생각하지도 않는다.

그 밖의 사람은 흔히 말하는 주변인*이나 경계인**과 다르다. 비슷한 의미인 아웃사이더나 이방인과도 다르다. 주변인 등은 스스로 택하는 경우가 많지만, 그 밖의 사람은 자기가 원해서 되는 것이 아니고 부지불식간에 밀려나 앉은 사람이기 때문이다. 그러나 그들에게도 이름이 있고, 존재에 걸맞은 권력에의 의지도 있다.

나를 바깥으로 밀어낸, 나와 별 상관도 없는 그 안에 있는 사람들은 어떤 사람일까. 모든 사람이 동경해 마지않는 욕망의 블랙홀에서 사는 그들은 주인공인지라 단상에 오르거나 앞줄에 앉는다. 누군가가 본인을 그 밖의 사람 취급하면 불같이 화를 낸다. 그 밖의 사람 대우받느니 차라리 자리를 박차고 나가기도 한다.

정치하는 사람, 돈 자랑하고 싶은 사람, 높은 지위를 내세우려는 사람, 심지어 과거에 높은 자리에 있었다고 뻐기고 싶은 사람까지 단상을 쳐다본다. 그 안에 한 발이라도 들이밀어 보려고 기웃댄다. 그곳에서 그 밖의 사람들을 내려다보는 재미가 어떤지 잘 알기 때문이다. 하지만 그 안의 사람들도 영원히 그 자리를 차지할 수는 없다. 세월이 지나면 점점 밖으로 밀려 나와 그 밖의 사람이 되고 만다.

이렇듯 생각이 어지러운 것은 나도 그 밖이 아닌, 그 안에 속하고 싶은 마음으로 가득 찬 탓이리라. 하기야, 생명을 가진 무엇인들 그런 마음이 없으랴. 눈도 뜨지 않은 새끼 새는 어미의 기척만 들려도 입이 찢어지게 짹짹거린다. 노란 개나리꽃, 소나무 밑의 풀 한 포기라도 햇살 한 자락 더 받으려고 고개를 디밀지 않던가.

 석양을 등에 지고 집으로 가는 언덕길을 오른다. 시장통 입구 좌판 위에 먹음직한 홍시 몇 무더기가 놓여 있다. 홍시 안에는 주홍빛 속살이 단단한 씨 몇 개를 감싸고 있을 테다. 홍시를 먹는 사람들은 가운데 박혀 있는 씨앗을 골라 뱉어낸다. 홍시의 가치는 안에 있는 씨가 아니라, 씨앗 바깥의 달착지근한 속살에 있다고 우겨보지만, 목이 자꾸 움츠러드는 것은 꽁무니바람 탓만은 아니다. 그보다 옹졸한 나의 자격지심自激之心에 더한 용심用心 탓이 훨씬 더 크다.

 해 떨어지기 전에 부지런히 집으로 돌아가야 하리. 그곳에는 축 처진 어깨에 매달려 들어오는 나를 '그 안의 사람'으로 따뜻하게 맞이해 주는 가족이 있다.

 * 주변인 : 둘 또는 그 이상의 갈등적·사회문화적 체계들 속에서 다양한 가치를 내면화시킴으로써 어느 한 가치에도 만족하지 못하는 사람이다.
 ** 경계인 : 오랫동안 소속됐던 집단을 떠나 다른 집단으로 옮겼을

때, 원래 집단의 사고방식이나 행동양식을 금방 버릴 수 없고, 새로운 집단에도 충분히 적응되지 않아서 어정쩡한 상태에 놓인 사람을 말한다.

-『좋은수필』 2022. 8월호

줄지 않는 감자탕

　예초기를 짊어지고 웃자란 잔디를 깎았다. 평생 책상물림으로 살아온 터라 예초기 돌리는 모양이 어설프기 짝이 없다. "쉬었다 하소.", "쉬었다 하소." 하는 아내의 후렴 소리가 들리지 않으니 쉬 힘이 빠졌다.
　예년에는 부부가 함께 오던 벌초를 혼자 나섰다. 감기 기운에도 따라오려는 것을 기어코 떼어 놓았다. 장성한 아들이 둘씩이나 있는데, 칠순이 다된 부부가 이러는 것은 순전히 아내 탓이다. 아이들에게 연락할까, 하면 올해까지만 우리끼리라는 게 여태 이러고 있다.
　벌초를 얼추 마치니 해가 중천을 한참 넘었다. 긴소매 남방셔츠가 온통 땀에 절고, 바지가 다리에 척척 감겼다. 주위를 정리한 다음, 부모님께 하직 인사를 드렸다. 돌아오는 국도 양쪽 논에는 누르스름한 벼 이삭이 배꼽인사를 하며 살랑거렸다. 면 소재지 외곽에 있는 감자탕집으로 향했다.

벌초 때마다 아내와 함께 점심을 먹었던 가게 안이 여느 때와 달리 썰렁하다. 추석이 바짝 임박해서인지 구석 자리에 앉은 두 사람뿐이다. 아버지로 보이는 노인과 젊은이가 마주 앉아 뚝배기에 담긴 감자탕을 맛있게 먹는다. 우리 아버지 어머니도 오래 사셨으면, 하는 마음에 눈앞이 흐려진다.

"아주머니, 여기 감자탕 세 개에 공깃밥 하나요."

"예~~~"

아주머니의 대답이 망설임 없이 길게 끌리는 것은 일행이 곧 따라 들어올 걸로 짐작한 것이리라. 이윽고, 감자탕 뚝배기 세 개가 식탁에 놓인다. 맞은편에 두 그릇을 가지런히 놓아두고, 수북하게 담긴 뼈다귀에 붙은 고기를 구석구석 발랐다. 간소하나마 제물을 챙겨 오다가 맛동산 한 봉지, 사과 한 알 달랑 상석에 올려 송구스러웠던 터라 수저를 올리며 나지막하게 말씀드렸다.

"아버지, 어머니 감자탕 드십시오."

내 앞에 놓인 뚝배기를 바짝 끌어당겼다. 시장했지만, 숟가락질은 더디 오르내렸다. 밥 한 공기를 천천히 다 비울 동안에도 건너편 뚝배기들은 조금도 줄지 않고 그대로다.

집에 돌아와 작업복을 벗는데, 몸살 업은 감기에 짓눌린 퀭한 눈으로 아내가 물었다.

"혼자서 하니 힘들지요?"

"쉬엄쉬엄하니 그런대로 할 만하데."

"이건 뭡니까?"

"당신 먹으라고 감자탕 좀 사 왔지. 짐 줄이려고 살을 다 발라 왔소."

"포장용이라 그런지, 일 인분치고 양이 되게 푸짐하네."

플라스틱 용기에 담긴 감자탕을 냄비에 옮겨 담아, 가스레인지에 올리려고 바닥을 끌며 가는 발걸음이 보기에도 안쓰럽다.

"여보, 내년에는 다 큰 놈들 그만 아끼고 모두 데리고 갑시다!"

짐짓 쩌렁하게 내지르는 소리에도 구부정한 아내의 어깨는 미동도 하지 않는다.

입장마立仗馬

한나라 의장대의 입장마(立仗馬)는 온종일 울지 않고 조용히 지내면 3품의 녹봉에 해당하는 먹이를 배불리 먹지만, 한 번이라도 울면 바로 쫓겨난다고 한다. 이를 일러 장마불명仗馬不鳴이라고도 하는데, 임금을 가까이 모시는 사람들이 입을 다물고 있음을 비유한 말이다.

정권이 바뀌고 나서 요즘 용산 시대다 뭐다 하여 세상이 어수선하다. 지난 정권의 잘못된 부분이 있으면 개선하라고 국민이 고심 끝에 새 정권을 들여앉혔다. 그랬으면, 국민의 바람대로 얼른 새로운 진영을 꾸려 잘못된 부분은 원인을 살펴 바로잡고, 잘한 분야는 더 잘 되게 힘써야 할 것이다.

지난 정부나 전임자가 잘못한 것을 고치는 게 다라고 생각하면 안 된다. 그보다 잘하고 있는 일이 훨씬 많다. 그런 일들을 유지, 계승하는 일도 작은 허물을 고치는 것보다 훨씬 중요하다. 의욕이 넘쳐 적폐 청산이니, 개혁이니 하는 구실을 붙여 온 밭을 갈아엎어 버리려는 태도는 아무짝에도 쓸데없다. 혹 전에 잘못된 결정을 하였더라고 좋은 점과 그른 점을 세세하게 살펴야 한다. 작은 잘못이 있다면 수정하고 더 좋게 할 방도를 찾되, 도저히 안 되겠다면 그때 가서 고쳐도 된다. 앞서 한 일은 무턱대고 손사래부터 치고 보는 것은, 자기들만이 옳다는 오만방자함을 드러내는 것임을 국민은 다 알고 있다.

국민은 두드리면 다 되는 도깨비방망이를 새 정부에 쥐여 준 것이 아니다. 새로이 직책을 맡은 사람들은 서로 활발하게 의견을 말하고 치열하게 다듬는 일을 게을리 말아야 한다. 그들이 막힌 곳은 물꼬를 트거나 새로운 길을 내고, 구부러진 것은 바로 펴야 한다.

대통령이 비전을 내세우면, 공무원들은 그것을 이룰 수 있도록 뼈대를 세우고, 작은 부분까지 촘촘하게 설계하고 기획해야 한다. 쉬쉬하며 책상 앞에서 주무를 것이 아니라, 국민들의 여론을 살피고 전문가의 의견도 구해야 한다. 그런 소통의 과정을 국민에게 보여주고, 일의 진척 사항 구체적으로 보고하는 모습을 국민들은 원한다. 물론 그 과정이 복잡하고 괴로운 일이라는 것을 모르는 바 아니다. 그렇다고 입장마처럼 가만히 서서 입 다물고 있어야 하겠는가.

지금 우리나라는 온 국민이 교육 전문가요, 경제 전문가요, 사회 전문가다. 어느 한 분야든 만만한 데가 없다. 많은 사람이 다 좋다는 의견이나 정책일수록 그에 반대하는 소리를 내는 공무원도 있어야 한다. 대부분 국민들이 반대하는 정책일지라도 나라의 장래에 꼭 필요한 일이라면 끈질기게 설득하는 노력을 기울여야 한다.

국민만 바라보겠다더니 제 편, 제 패거리만 바라본다. 그마저도 윗사람이나 실세의 눈치만 본다. 몰라서 그런 건지, 알면서도 그러는지 입장마처럼 꼿꼿이 서서 울지 않고 권력의 주변에서 나라의 여물만 축내서는 안 된다.

어찌 나라의 녹을 먹는 공무원뿐이랴, 국민의 선택을 받은 크고 작은 선출직 의원들도 마찬가지다. 자기를 뽑아 준 국민의 시선은 외면하고, 조직의 수장이나 힘 있는 리더의 눈치만 보면서 말 한마디 꺼내지 못하는 사람들을 보면, 답답하다 못해 불쌍할 지경이다.

그보다 더 우려할 만한 일이 있다. 주위에 입장마들만 잔뜩 세워 놓고, 제 할 말만 하는 주군主君이나 부서장이 그렇다. 한 가정에서도 가장이 아무리 엄하다 해도 온 식구가 함께 의논해야 그 집안이 잘되는 것은 불문가지가 아니던가.

주군은 입장마를 얼른 골라내고 천리마를 구해 들여야 하는데, 어찌 된 셈인지 휘황찬란한 외장에 눈과 귀를 막혀 버렸는지 남 탓하기 바쁘다. 한술 더 떠서 눈가리개를 한 경주마처럼 좌우 재보지도 않고 앞으로 내달리려고만 하니 낭패도 이런 낭패가 없다. 그러니 잘한다고 손뼉 칠 리가 없지 않겠나. 주군이 아무리 그렇더라도, 공복은 중봉 조헌이나 최익현의 지부상소 기개까지는 아니더라도 나를 믿고 가까이 둔 그에게 요모조모 따져 직언 정도는 해야 할 책무가 있다. 공복인 경주마가 제각기 저 있는 자리에서 제 할 일을 하지 못하니 한숨이 절로 나온다.

나라의 안위를 책임지고 살림을 맡아 사는 사람들이 수탉처럼 볏과 목털을 깃털을 곤추세우고 제 잘 났다고 싸우는 것도 문제려니와, 입장마처럼 먼 산을 바라보며 여물만 씹는 세태를 보니 아침에 먹은 밥알이 가슴을 꽉 틀어막은 것 같이 답답하여 한소리 적어 본다.

국민은 정부와 국회가 백년대계를 바로 세우고, 우공이산愚公移山의 정신으로 좌고우면左顧右眄하지 않기를 바란다. 그대들이 답답하고 필요할 때면 애타게 찾는 국민만 바라보며 우보牛步를 내딛으라고 채찍을 가하는 것임을 알아주기 바란다. 제발 말로만 잘하겠다 잘 하겠다, 사탕발림에 그치지 말고.

－『한국에세이포럼』 2023. 제6호

문門

　세상은 많은 문으로 연결되어 있다. 모양이나 크기는 다르겠지만 문을 거치지 않고는 어디든 드나들지 못한다.
　문을 통과하기 위해 대가를 주고받는 데 따라 몇몇 유형으로 나눌 수 있다. 첫 번째는 돈을 주거나 표를 끊어야 통과할 수 있는 문이다. 박물관이나 놀이 공원처럼 대가를 치르고 들어가면 유익함을 얻거나 즐거움을 맛볼 수 있다. 정해진 시간과 규칙 내에서는 자유롭게 활동하는 것을 보장받는다.
　그와 반대로 대가를 받기로 약속하고 들어가는 문이 있다. 공장이나 회사의 문을 통과하는 경우다. 요즘은 이 문을 들어가기, 취직이 그렇게 어렵다고 한다. 나의 즐거움과 시간을 포기하는 대가로 월급을 받기로 하고 그 문을 들어선 것이다. 다른 사람에게 즐거움을 주고 서비스를 제공하는 것이 어찌 즐겁기만 하라. 무슨 일을 하든지 내가 하는 일로 말미암아 다른 사람이 행복해하는 모습을 즐거움으로 느끼지 못하면 하루하루가 지겹다.

어느 심리학자가 연구한 바에 따르면, 같은 일을 하면서도 자기 일을 소명(calling)으로 여기는 사람과 단순히 생계 수단인 직업(job)으로 생각하는 사람의 차이는 엄청나다고 한다. 전자는 자기가 하는 일이 필요한 것이고 누군가에게 도움을 주며 세상에 무엇인가를 기여한다고 믿는다. 후자는 돈이 가장 중요한 요소였고 생계 수단이란 점 외에는 자기가 하는 일의 의미를 찾지 못하였다. 당연히 전자는 후자보다 즐거움과 만족감이 훨씬 컸고 보수에 따라 이직률도 낮았다. '어떤 일을 하느냐'가 아니라 '어떤 마음으로 하느냐'가 중요하다는 것을 통계적으로 증명해 주는 연구 결과였다.

세 번째 유형은 아무 대가 없이 드나들 수 있는 문이다. 그곳에는 다른 사람이 즐거움이나 지식을 제공하지 않는다. 각자가 스스로 캐내거나 찾아야 한다. 사찰의 일주문—柱門은 청정한 도량에 들어가기 전에 세속의 번뇌를 말끔히 씻고 일심이 되어야 한다는 뜻이다. 여기에서 일심이 되고 안 되는 것은 오롯이 개인의 몫이다.

인생의 문은 시간을 거슬러 제 맘대로 되돌아갈 수 없다. 인생의 문은 미꾸리를 잡는 통발처럼 앞으로만 갈 수 있는 일방통

행인 까닭이다. 앞서 말한 세 가지 중의 어느 문이든 그 문에 들어가면 크든 작든 성과를 내어야 한다. 씨를 뿌리고 열매를 거두어야 한다. 그것들의 합습이 바로 인생이 아니던가.

나는 새로운 문을 열 때마다 바로 아래 천 길 낭떠러지가 기다리고 있을 것만 같아 두려움에 떨었다. 어둠을 감추고 하늘을 향하고 있는 우물처럼 깊이를 알 수 없었다. 빼꼼 안을 들여다보고 힘이 들 것 같으면 발을 빼거나 단단한 자물쇠로 대문을 잠그고 숨은 적도 있었다. 그러나 문밖에서 국외자, 이방인 명찰을 달고 마냥 떨고 있을 수는 없었다. 앞을 가로막고 있는 문을 우회하거나 틈을 만들어 통과했다.

돌이켜 보니, 내가 선택했던 문은 도미노 조각처럼 일렬종대로 서 있었다. 도미노 조각(門)들이 빗줄기의 빗금처럼 쓰러지기 시작하면 문고리를 잡고 매달렸다. 산굼부리에 문이 있을 때는 안간힘을 쓰며 언덕을 올라 두드렸다. 지나온 길에 좁은 문, 어렵고 고된 일만 있었던 것은 아니었다. 평온한 들판과 포도鋪道위에 난 문을 지날 때는 상쾌한 산들바람에 이마의 땀 한 줌을 식힐 수 있었다.

인생을 끝없는 여정이라 하듯이, 삶이란 문을 하나씩 여닫으며 앞으로 나가는 과정이다. 지금 서 있는 문은 지나온 문의 결과이고 뒤미처 만날 다른 문의 원인이다. 문은 열고 닫는 역할뿐만 아니라 소통을 위한 길이었다. 내가 지나온 문들은 원인이 목적이 되고, 목적이 원인이 되는 뫼비우스의 띠가 되어 고스란히 남아 있다. 그렇게 끊임없이 여닫고 지나왔지만, 여전히 새벽안개처럼 흐릿하다. 청소년기에 뚜렷한 목표를 세우지 못한 탓이다. '어떤 일을 하느냐'가 아니라 '어떤 마음으로 하느냐'가 중요하다는 말이 새삼 가슴 깊이 다가온다.

내가 다시 청소년기로 돌아갈 수 있다면, 먼저 목표를 세우리라. 그런 연후에, 목표를 향해 가는 길에 놓인 작은 문들의 빗장을 하나씩 열어야 하리. 실패 없는 성공이 어디 있으며, 넘지 못할 시련 또한 없다. 양손에 겸손과 배려를 하나씩 쥐고 실패와 시련을 웃으면서 넘어가리라 다짐해 본다.

- 〈대전청소년〉 2021. 가을호

가까이 보면

　백화점 벽면에 대형 광고 사진들이 걸려 있다. 명품 시계를 손목에 차거나 어깨에 가방을 건 외국의 모델 사진이 내 키 세 배는 된다. 가까이 다가가면, 짧은 원피스를 입고 구부린 무릎 위 맨살이 눈높이에서 보인다. 길 건너에서 보았던 쭉쭉 빵빵 허연 허벅지에 닭살이 도도록하다. 닭살로 뒤덮인 까슬까슬한 피부를 보는 순간 두 팔에 전염된 듯 소름이 쫙 돋는다.
　함께 가던 문우에게 예의 그 아가씨 다리를 가리키며 말했다.
　"이 사진을 보세요. 어느 시인은 '가까이 보아야 예쁘다. 오래 보아야 예쁘다.'라고 했지만, 다 그런 건 아닌 모양입니다."
　"사진만 그런가요? 부부도 그래요. 가까이 오래 있으니 좋은 것보다 나쁜 게 더 많이 보여요."
　젊을 때는 가까이 있어도 좋은 것만 보이더니 나이가 드니까 그것들이 모두 나쁘게 보인단다. 하기야 부부 사이만 그럴까.

오래 보아온 친구가 있고, 새로 알게 된 문우도 많다. 공식적인 자리에서 처음 만나 통성명하고, 행사나 모임을 하다 보면 좋은 점만 눈에 들어온다. 하는 말이 곱고 행동이 진중하다. 그게 좋아 만남이 잦아지고 가까이 지내다 보면 본 바탕이 드러난다. 술자리 한두 번에 드러나기도 하고, 수년간 감추어져 있다가 불쑥 고개를 들기도 한다. 오래 보아온 분들이 감추었던 색깔을 드러내면 한층 더 추해 보여 곤혹스럽다.

좋은 일이 있을 때보다 어려울 때 본색이 드러나고, 무리한 부탁으로 금이 가기 시작한다. 혹은 낮은 자리에 있다가 높은 자리로 옮겼을 때도 그렇다. 내 도움이 필요할 때와 내가 손을 내밀었을 때 대하는 태도가 현저하게 차이 난다. 하기야 한 아파트 위아래층에 살던 고등학교 후배가 집 한 채 값보다 많은 돈을 떼어먹고 달아나기도 했는데 말해 무엇하랴.

젊어서는 내 눈만 믿었다. 내 눈에 보이는 것만 전부라 믿고 살았다. 보이는 것 뒤에 비치는 그림자, 껍질에 감추어진 속은 꿰뚫어 보지 못했다. 가시광선 바깥에 적외선, 자외선이 있다는 것을 머리로는 알면서 그 존재를 애써 무시했다. 가까이 보이는 것보다 몇 배 더 넓게, 깊게, 멀리 보지 못하면 무지無知보다 나을 게 없다는 것을 아는 데 너무 오래 걸렸다. 젊은 시절 사기당한 돈다발보다 지금껏 절친이라고 생각했던 이의 어긋진 행동

하나, 무심코 던진 말 한마디가 더 아프다.

오랜 시간이 지나도 곁에 머무는 사람이 아름답다는데 지금 내 곁의 남아 있는 이는 몇이나 될까. 하나둘 멀어져 간 분들이 거울 속에서 내 탓이라 손가락질한다. 아니라고 손사래 치지 못하겠다. 스스로 삼가고 신중하지 못한 내 탓도 크다. 그렇다고 인제 와서 그분들을 거울 밖으로 모셔 오지는 못한다. 벌어진 시간과 마음의 간극間隙이 너무 넓다.

군자는 보이지 않는 바를 경계하고 삼가며 듣지 못하는 것을 두려워한다. 숨겨져 있어도 드러나지 않을 수 없으며, 작은 것이라 해도 나타나지 않을 수 없다. 군자는 홀로 있을 때 삼가야 한다는 중용中庸의 첫머리에 있는 이 글귀*를 진작에 새겼더라면.

마음을 오므리기로 치면 물 한 방울 들이지 못하고, 마음을 펼치기로 마음먹으면 세상을 품을 수 있다지 않던가. 가까이 보면, 소름 돋는 아름다운 아가씨의 미끈한 다리를 지척에 두고 함께 걷는 문우님은 언제까지 내 곁에 남아 있을까. 아니, 나는 언제까지 그 곁에 머물 수 있을까.

*君子 戒愼乎其所不睹 恐懼乎其所不聞 莫見乎隱 莫顯乎微 故 君子 愼其獨也

— 『수필사랑』 2024. 제36호

늙는 데 보태 준 거 있나

부부 동반 술자리에서 친구가 하는 말이다.
"젊은이는 노인을 싫어한다. 특히, 백발노인을 싫어한다. 그러니 머리 염색을 해서 젊게 보이도록 꾸미고 다녀야 한다. 나아가 얼굴 마사지나 팩도 하고, 얼굴에 점도 빼면 금상첨화다."
머리 허연 나 들으라고 하는 말인지, 애써 단장한 자기를 봐달라는 건지 아리송하다. 아닌 게 아니라, 친구는 외모에 부쩍 신경을 쓴 태가 군데군데 난다. 새치 하나 없이 까맣게 염색한 머리에 무스를 발라 모양 나게 빗어 넘겼다. 까만 구두에 물광을 낸 듯 얼굴이 반들거린다. 검버섯은 언제 적부터 정리했고, 문신한 눈썹은 이제 적당히 탈색되어 보기에 좋다. 아내가 자꾸 부추기는 바람에 못 이기는 척 해보니, 나쁘지 않다면서 으쓱 어깨를 편다. 친구 옆에 다소곳이 앉아 웃음을 배시시 머금은 그의 아내 수저질이 곱다.

나는 나이가 반백半百에 접어들면서 머리가 세기 시작해 반백半白을 거쳐 백발이 되는데 십 년이 채 안 걸렸다. 이즈음에는 얼굴에 반점이 하나둘 생기고, 주름도 깊어졌다. 친구 말마따나 바깥에 드러나는 머리털이나 얼굴은 돈을 들여 감추고 정돈한다 해도, 굽은 등은 어찌할 것이며 손등의 쪼글쪼글한 주름은 또 어떻게 감출 것인가. 그보다 총기 잃은 눈동자와 느릿해지는 발걸음이 더 걱정이다.

거울을 보면, 달마다 다르고 계절마다 다르다. 안타까운 마음이야 없지 않지만, 그렇다고 걱정하지는 않는다. 세월이 나한테만 달려드는 것이 아니고, 붙들어 매려 애쓴다고 가능하지도 않으니 말이다. 늙고 노화하는 모습이 보기 싫은 거야 당연지사인지라 친구의 말을 막무가내로 반박할 수 없다. 그렇다고 수긋하게 받아들이기는 손에 든 사과를 힘센 녀석에게 빼앗기는 것처럼 뭔가 손해를 보는 것 같다.

나도 외모에 전혀 신경을 쓰지 않는 목석은 아니다. 등이 굽으니 키도 작아 보여 되도록 허리를 펴려고 노력한다. 이발을 단정히 하고, 노취老臭가 걱정되면 깨끗이 씻어 청결하면 그만일 테다. 입성도 취향이 분명하다. 알록달록하거나 빨갛고 노란 원색보다 남들 눈에 튀지 않는 파스칼 톤이 좋다. 비싼 옷보다 깔끔하게 손질한 옷에다 발이 편한 신발이면 더 바랄 게 없다.

나 같은 필부는 좋은 옷 입고, 보여 줄 데가 그리 많지 않다. 늘 보던 친구끼리 술 한잔, 밥 한 끼 먹는 자리가 대부분 아닌가. 그들조차 내가 새 옷을 입었는지, 무얼 신었는지 개의치 않는다. 혼자서 공연히 자기를 쳐다보리라는 착각에 빠져 있지만 천만의 말씀이다. 물론, 행사나 잔치 같은 데야 격식에 맞게 입고 매고 참석한다.

간혹 늦바람이 나거나, 새 사랑을 찾는 사람은 물론 예외다. 그분들은 바르고, 빼고, 치장하기를 밤을 낮 삼아서 한들 누가 뭐라 할 것인가. 노년에 어렵사리 잡은 귀한 기회를 사소한 소홀함 때문에 놓치면 큰일일 테니까.

나이 든 것이 자랑은 아니나, 부끄러워하거나 감출 게 아니다. 의기소침할 필요는 더욱 없다. 내가 가진 능력이 많으면 많은 대로, 적으면 적은 대로 맞추어 살면 그만이다. 아니할 말로, 늙기도 서러운데 젊은이 눈치까지 볼 수는 없지 않은가.

누가 노인을 함부로 폄훼하는 철없는 젊은이를 보고 "야, 이 젊은 놈아, 너는 늙어 봤니? 나는 젊어도 보고 늙어도 봤다. 늙어 보지도 않은 놈이 까불고 있어!"라고 호통쳤다고 한다. 고개가 끄덕여지는 한편으로 "너희들이 내 늙는 데 보태 준 거 있냐?"면서 발끈할 일은 아니다. 지하철을 타보면, 아직 예의 바르고 경로하는 젊은이가 훨씬 많다.

그러고 보니, 내가 근무했던 때가 생각난다. 대학 행정직은 교수와 학생을 민원인으로 대하여 일하는데 어느 부분도 만만하지 않다. 특히, 군대 갓 제대한 복학생들은 이제 어른이라는 자부심으로 어깨가 잔뜩 부풀어 있다. 예비군복 상의 단추를 몇 개 풀어 제치고 창구의 또래 여직원에게 함부로 말하기 일쑤다. 그러면 머리가 허연 내가 앞으로 나서면 금방 수긋해졌다. 은발은 젊은이의 기를 가라앉히는 데 특효약이었다.

젊어서는 생각이 주관적이다. 세상사 모두가 내 중심으로 돌아간다고 믿는다. 그중 일부는 중심에서 조금만 벗어나면 못 견뎌 하고 세상 탓으로 돌린다. 흉악범이 칼을 들고 날뛰는 세상이다. 입만 가진 사람들은 또 사회 탓, 국가가 책임져야 한다는 말을 마구 쏟아 낸다. 그게 누구 탓이고, 누가 책임질 일이던가. 오롯이 그 사람 본인의 잘못이다. 그런 사람은 진창 같지도 않은 흙탕물에 빠질 때마다, 고개 같지도 않은 야트막한 언덕이 막아설 때마다 칼을 들고 밖으로 뛰쳐나오는 인내 부족증 환자다.

노인은 그런 부류의 환자가 되지 않기 위해 애쓰며 한평생 살아온 사람들이다. 헤어날 길 없는 진창에 빠지고, 아스라한 절벽에 가로막힐 때마다 자신을 어디엔가 내던져 버리고 싶었다. 가끔은 무리에서 벗어나 혼자 있고 싶은 한여름 땡볕, 뭍에 내팽개쳐진 해삼처럼 풀어지려는 마음을 골백번도 더 다잡았다. 내 날이다 싶은 날보다 고개 숙인 날이 더 많았지만, 견디고 돌

봐야 하는 삶이었기에 이를 악물었다.

  나이가 들면 한 발짝 물러나 객관적으로 보게 된다. 개성이 무뎌져 두리뭉실해진다. 오뚝하던 콧날이 그렇고, 파르르한 면도 자국이 멋있던 턱선도 마모되어 조약돌처럼 둥글어진다. 세월의 물살에 마음과 몸이 저도 모르게 깎여 나간 게다. 마음은 하나도 변하지 않았는데, 세상이 시시해 보이고 나도 덩달아 볼품없어 보인다.

  시시하고 볼품이 없다고 쓸모가 전혀 없는 것은 아니다. 쓸모라는 게 무언가. '쓸 모서리'를 말한다. 노인이 가진 쓸 모서리가 차 속에 빠진 각설탕처럼* 흔적 없이 녹아버렸을까. 은연중에 드러나는 예의 바른 행동 하나, 품위 있는 온화한 말 한마디라도 좋다. 출입문을 드나들 때 뒷사람을 위해 잠시 잠깐 잡아 주거나 지하철에서 자리를 양보받을 때 고맙다고 묵례하는 일, 마트에서 계산하는 분께 수고했다고 인사하는 것을 주머니에 든 용돈 아끼듯 하면 안 된다. 내가 먼저 건넨 따뜻한 말 한마디가 평화로운 세상을 만드는 거름이다.

  노인은 누가 보태주지 않아도, 이것도 좋고 저것도 좋아지는 늘그막을 만끽하며 산다. 백발에다 얼굴에 주름이 지면 누가 누구인지 분간조차 하기 어렵지만, 저마다 감추고 있던 각진 모서리를 송두리째 내던진 것은 아니다. 수양이 모자란 탓도 있거니와 마음으로는 아직 가을이 다 지나가지 않았음이다.

봄이 되면 고목에도 아담한 꽃 한두 숭어리 달린다. 피는 꽃을 번거롭게 여기는 고목이 되어서는 안 된다. 지난해 미처 떨어지지 않고 남아 있는 이파리 하나도 사랑스럽고 귀한 줄 알아야 한다. 쓸모는 줄고, 시간은 는다. 외모에 몰입하는 친구는 친구대로, 머리가 하얗게 센 나는 나대로 글짓기가 좋으면 그만이다.

"그래, 이 사람아. 그 까만 머리, 잘난 얼굴 갖고 나가서 예쁜 여자 친구 사귀면 소주나 한잔 사시게!"

내 말을 들은 친구 부인의 수저질이 멈칫하더니, 그러잖아도 시원하게 생긴 눈을 화등잔보다 크게 뜬다.

* 이현승 님의 시 〈따뜻한 비〉에서 빌려옴.

연지회상 蓮池會上

　송곡 삼거리에서 도리사 방향으로 접어든다. 해동최초가람성지태조산도리사라는 기다란 현판을 건 일주문이 두 팔 벌려 반긴다. 5km 남짓 더 달려 가파른 된비알을 오른 후에야 태조산 중턱에 자리한 도리사에 도착했다.

　여느 절 정갈한 돌담 대신 빨갛게 물든 담쟁이 옷을 걸친 석축이 아스라하게 높다. 그 옛날 어느 겨울날 냉산의 꼭두 비탈에 복숭아꽃과 오얏꽃이 흐드러지게 핀 것을 보고, 아도화상이 신라 최초의 가람인 도리사를 지었다. 이차돈이 우윳빛 피를 흘리기 백여 년 전의 일이었다.

　석축을 돌아들어 서대에 오른다. 아도화상이 "저곳에 절을 지으면 불교가 흥할 것이다."라며 직지사 터를 손가락으로 가리켰다는 곳이다. 망망 무애 해평들과 유장하게 흐르는 낙동강 너머

황악산 어림에 눈길이 머문다. 문득 삼십여 년 전의 가슴 아팠던 장면이 떠오른다.

외지에서 대학 다니던 처제의 행방이 갑자기 묘연했다. 서너 달을 수소문한 끝에 직지사 백련암 행자로 있다는 소문이 들렸다. 처남과 함께 백련암에 들어서니, 회색 행자복을 입은 삭발한 처제가 공양간에서 불을 때고 있었다. 처남은 다짜고짜 처제의 손목을 낚아채어 끌어냈다. 깜짝 놀란 처제는 스님을 부르며 울부짖었다. 바깥이 소란스러우니 비구니스님들이 나와서 말렸다. 처남이 부리는 패악에 놀란 암주 스님은 처제더러 가족과 잘 상의하고 다시 오라고 타일렀다. 그렇게 집에 붙잡혀 온 처제는 두 번 다시 백련암으로 돌아가지 못했다.

서대에서 솔향 가득한 등굽잇길을 돌아 나오면 경내 가장 높은 곳에 적멸보궁이 자리한다. 최근에, 절 담 밖에 방치되어 있던 부도에서 금동육각사리함을 발견했다. 그 안에 있던 부처님의 진신사리 1과를 새로 조성한 사리탑에 모시면서, 도리사는 우리나라의 8대 적멸보궁 중의 하나로 자리매김하게 되었고 금동육각사리함은 국보로 지정되었다.

적멸보궁에서는 예불이 한창이다. 신묘장구대다라니를 외는 스님과 신도들의 얼굴이 모두 부처님 같다. 법당 가득 울려 퍼지는 낭랑한 독경 소리에 내 마음도 절로 맑아지는 듯하다.

그 아래 본당으로 쓰고 있는 극락전은 특별한 의미가 있다.

전각 자체가 입체적인 극락왕생도라 해도 지나치지 않다. 건물 안의 공포* 칸을 이용해 아미타부처님께서 여러 불보살과 왕생자**에게 관무량수경을 설하고 있는 연지회상을 표현하고 있기 때문이다. 극락의 법회 장면을 그린 벽화나 탱화는 많이 있으나 목조건물 몸체로 구현한 사례는 이곳이 유일무이하다고 한다.

나무판 벽화 금강역사들이 커다란 눈을 부라리며 보위하는 극락전에 들어서니 좌대에 앉은 아미타 부처님께서 말씀하신다. 죄지은 중생이 서방 정토에 태어나기를 지극으로 발원하면 이승에서 지은 공덕에 따라 극락의 칠보 연꽃에 아홉 가지 품계로 화생할 수 있다고 가르치신다.

본존불 좌대 뒤, 묵지 바탕에 흰색으로 써 내린 '蓮 · 池 · 會 · 上' 네 글자가 이 법당의 의미를 분명하게 보여준다. 뒷벽을 제외한 세 벽면 공포에는 열다섯 분의 불보살이 칠보 연꽃잎 위에 앉아 제각기 다른 손 모양으로 구품을 나타낸다. 어리석은 중생을 구제하기 위해 이렇게 많은 보살이 한자리에 모인 것이다. 나머지 공포 칸칸에 그려진 연꽃 위에도 구품왕생 품계가 적혀 있다. 우측 뒷벽 모서리에 하품하생下品下生을 배치하고 시계방향으로 돌아 좌측 뒷벽 모서리 부분에서 상품상생上品上生으로 끝맺는다. 이렇듯 관무량수경이 극락전 한 채에 오롯이 머물러 있다.

이는 인도 영축산에서 석가모니불께서 법화경을 설하셨던 영산회상靈山會上과 흡사하다. 한 가지 다른 점이 있다면, 영산회상의 연화대좌에는 왕생자가 앉아있지만, 극락전 공포의 연꽃은 왕생자 없이 환하게 피어 있다. 나 같은 어리석은 중생을 위해 자리를 비워놓은 것이리라.

아미타 부처님께 엎드려 절하면서 처제 환속시킨 죄를 고한다. 나는 처제가 결혼한 후 삼시 끼니를 걱정할 정도로 고생하는 것을 볼 때마다 불제자의 길을 막은 내 탓 인양 안타까워했다. 그러나 처제는 마치 부처님 모시듯 시부모를 봉양하고, 어쩌면 이 세상에 태어나지도 못했을 남매도 정성으로 키웠다. 결핵에 걸린 남편 병시중까지 혼자 다 하며 집안을 붙들어 매었다. 십수 년째 이어지는 애옥살이를 보다 못한 친정 언니들이 그만 갈라서라고 성화를 부려도 지금 여기가 꽃자리라며 빙긋이 웃고 만다.

불가에서는 '마음이 곧 부처'라고 한다. 극락세계도 아미타불도 모두 내 마음속에 있다는 말이다. 부처님께서 우매한 중생을 올바른 길로 인도하려는 방편으로 극락을 만들었다지만, 마음 착한 처제가 현세부터 내세까지 행복하기를 빈다. 거기에 더해 극락의 가장 높은 품계인 상품상생 연꽃에 화생하기를 기원하며 삼배, 삼배 또 삼배한다.

텅 빈 법당을 물러 나와 극락전을 한 바퀴 둘러본다. 바깥 처마 사방 공포에도 스물여덟 분의 여래가 좌정하여 연지회상에 미처 참여하지 못한 중생에게 어서 오라 미소를 짓는다. 아미타 부처님의 가없는 자비심을 보는 것 같다.

앞마당을 에두른 담장 한쪽에 난 동살널문을 밀고 나서니 아도화상이 좌선했다는 바위가 있다. 한 길이 넘는 좌선대에 기대어 아래를 내려다본다. 가을 깊은 해평 들판은 풍요롭기 그지없지만 나는 아직도 탐욕, 노여움, 어리석음에서 헤어나지 못하고 있다. 부처님께 절하며 애써 다잡은 마음이 사시랑이처럼 나부낀다.

좌선대에 앉아있던 아도화상이 천년 잠에서 깨어나 내 어깨를 툭 치며 한 말씀 하신다.

"나누면서 살아라, 이기려고 애쓰지 말고 지고 살아라, 사랑하며 살아라."

청정한 말씀 흩어질까, 솔가리 다보록한 비탈길을 가만가만 내려온다.

*공포: 처마 끝의 무게를 받치기 위하여 기둥머리에 짜 맞추어 댄 나무쪽. 도리사 극락전에는 일 미터 정도의 간격으로 안팎 사방 벽에 설치되어 있음.
**왕생자: 목숨이 다하여 다른 세계에 가서 태어난 사람.

— 『수필오디세이』 2023. 제13호

처음처럼

　처음처럼. 시중에 나오는 주류 회사의 상품에 대해서가 아니라, 처음이란 단어가 주는 신선함을 말해 볼까 합니다. '처음', '첫'이란 말에는 딱히 집히지는 않지만, 가슴 뛰는 감정이 느껴지지 않나요? 그래서 처음이었던 기억의 저편으로 산책을 떠나 볼까 합니다. 오늘도 내 인생의 처음이라면 할 말이 없습니다마는, 저에게 있어서 의미 있는 '처음' 몇 가지를 마음속에서 꺼내어 짚어 보려고 합니다.

　고고성呱呱聲, 첫 뒤집기, 첫발 떼기 등은 제 기억에 존재하지 않습니다. 제가 다 큰 다음에 어머니가 해 주신 말로 짐작만 할 뿐이지요. 그보다는 초등학교 1학년에 입학해서 담임 선생님이 출석을 부를 때, 혹시 내 이름을 안 부르면 어쩌나 하고 마음 졸였던 기억이 아직도 잊히지 않습니다. 한참 만에 선생님 입에서 내 이름 석 자를 부르고 "예"하고 대답하고 난 후에야 휴~하고 내쉰 긴 한숨이 아직도 생생하게 가슴을 적십니다. 7살짜리 꼬마가 맞닥뜨린 첫 사회생활에서 왜 그렇게 불안에 떨었는지 지금 생각해 봐도 웃어넘길 수만은 없네요. 왜 그랬을까요?

대학 1학년을 플래시 맨(freshman) 이라고 부릅니다마는, 저는 공장에 먼저 취직한 다음, 뒤늦게 들어간 대학 생활이 조금도 신선하지 않았습니다. 동급생이 모두 저를 형님이라 불렀고 그 흔한 미팅 한번 해 보지 않았으니까요. 장학금을 못 타면 학교를 쉬어야 하니, 죽어라 공부만 하는 대학 생활이 남들이 이야기하는 낭만과는 거리가 멀 수밖에요.

저라고 첫사랑이 왜 없었겠어요. 그저 눈치만 보다가 곁눈질로 때운 사춘기까지 되짚지 않더라도 있긴 있었지요. 가슴에만 남아 있다가 언제인지도 모르게 희나리가 되어 날아가 버린, 다 부질없는 일이 되어 버렸지요.

그보다 공업학교 졸업하기 전에 실습 나가서 받은 첫 월급봉투를 경리과에서 줄 서서 기다릴 때 두근거림, 손에 쥔 봉투가 전해주는 무게감만큼의 뿌듯함은 잊지 못합니다. 저녁에 봉투에 든 동전 하나 빼놓지 않고 부모님께 내밀었지요. 월급이라야 쌀 한 가마니 값도 안 될 만큼 보잘것없었지만요.

막둥이의 첫 월급봉투를 받아 든 아버지, 어머니의 표정도 기억납니다. 그 봉투를 받아 들면서 늦둥이로 낳은 아들이 이제

제 밥벌이라도 하는가 싶은 안도의 한 편으로, 어린놈을 대학에 못 보내고 공장에서 기름때를 묻히게 하는 안쓰러움을 포함하여 만감이 교차하던 부모님의 그 복잡하고 미묘한 표정 말입니다.

내세울 것 없는 저의 생에서 가장 보람 있고 기억에 남는 것은 역시 자식 일이지요. 아이들 태어나면서 처음으로 아버지가 되었고, 학교에 입학하면서 학부모가 되었지요. 그 아이가 결혼해서 시아버지가 되고, 손주가 태어나면서 처음으로 할아버지가 되었습니다. 대목 대목마다 모두가 처음이었고, 어디의 무엇과도 비할 수 없는 기쁨이요 보람이었지요. 지금도 아이들 생각하면 저절로 어깨가 펴지고 입꼬리가 올라갑니다.

정년퇴직하고 나서 첫 연금을 받았을 때 기억도 새롭습니다. 이 꽃 저 꽃 분주하게 날아다녔던 꿀벌 활동은 끝나고 통에 든 꿀에 의지해서 살아야 한다는 자괴감과 무거운 짐을 내려놓았다는 안도감이 공존하는 묘한 심정이었지요. 그러나 언제부터인가 안도감에 훨씬 많이 기운 나를 보면서 '처음'이라는 말을 붙일 일이 거의 없어졌다는 생각이 듭니다. 다행스럽게도 은퇴 후에 문학에 처음 발을 들여 도서관 수필 강좌를 들었던 두 시간 동안 느꼈던 전율은 아직도 잊히지 않고 그대로입니다.

첫 마음을 끝까지 유지하기는 대단히 어려운 일입니다. 탱탱하던 고무줄을 오래 사용하면 늘어지는 것처럼 사람의 마음도 타성에 빠지게 됩니다. 인생에서 처음의 아름다운 추억이 끝까지 아름답게 이어지는 게 얼마나 될까요. 도중에 틀어지거나 처음의 의도대로 풀리지 않아 흐지부지되는 것이 다반사니까요. 오히려 도중에 어긋나 버렸기 때문에 아쉬운 마음이 들고, 아련하고, 처음이 좋아 보이고, 더 오래 기억되는 것인지도 모르잖아요. 그래서 푸시킨이 지나간 것은 그리워지나니 라고 노래한 것이었는지도 모릅니다.

제가 '처음'을 꺼내 드는 것은 첫 마음이 끝까지 이어지지 않았기 때문입니다. 그게 아쉬워 지금 새로운 마음을 하나 세운다고 해도 그것이 끝까지 갈 수 있을까요. 우스갯소리로 '가다가 중지 곧 하면 아니함만 못하니라.'란 격언을 '가다가 중지 곧 하더라도 간만큼 이익이다.'라고 고쳐 말하기도 하는 세상입니다마는, 끝까지 갈 자신이 없다고 해서 시작조차 하지 않을 수도 없는 노릇이 아닙니까.

아들 녀석이 처음 태어나던 그 경이로운 첫 느낌의 생생함, 수필을 처음 만났을 때처럼 가슴 뛰던 그런 설렘이 제게 다시 올까요. 그때 느꼈던 '처음'의 신선함을 되살릴 그 무언가를 다시 만날 수 있을까요. 그게 사랑이든, 일이든, 또 다른 것이든 말입니다. 7살 꼬마의 알 수 없는 불안감, 뭔가 잘못되지 않을까 하는 염려와 같은 부정적인 동굴에서 벗어나고 싶습니다. 지금부터라도 긍정이 반짝이는 양지로 나올 수 있으면 참 좋겠습니다.

  나이가 드니 이것저것 생각이 많아집니다. 무언가 다시 시작해 보리라 마음을 다잡아 보기도 합니다. 이런 다짐마저도 지나고 보면 다 부질없어질 테지만요.

-『수필세계』 2022. 가을호

나도 팔짱을 끼고 싶다

젊은 남녀 한 쌍이 에스컬레이터를 타고 내려간다. 바짝 붙어 팔짱을 끼고 있는 다정스러운 모습이 어디 모나는데 없이 자연스럽다. 지하철 승강장에서 열차를 기다리면서도 내 눈은 그 둘을 쫓고 있다.

여자는 팔짱을 끼는 것으로 모자라는 듯 남자의 어깨에 까만 트레머리를 살포시 기대고 섰다. 둘 중의 하나가 어디 멀리 떠나기라도 하는 걸까. 잠시나마 작별이 아쉬운지도 모를 일이다. 그게 아니면, 함께 떠나는 해외여행의 설렘에 겨운 몸짓일 수도 있겠다.

그들은 팔짱을 왜 끼는 걸까. 가까이 있고 싶은 마음 뒤에는 떨어지거나 놓치기 싫은 마음, 두려움이 새벽안개처럼 젖어 있어서가 아닐까. 두려움은 어둠에서 배태한다. 그것은 생명의 씨앗이 자궁 속에서 움틀 때부터 생겨난 관성慣性이다. 정자와 난자의 찰나적 만남으로 착상한 새 생명은 탯줄을 놓치면 곧바로 죽음이다. 어둠과 죽음에 대한 두려움을 이기는 길은 오로지 모태와 이어진 탯줄을 움켜잡는 것뿐이다.

분리에 대한 불안은 태어나서도 계속된다. 막 태어난 아기는 엄마의 젖꼭지부터 찾는다. 엄마와 연결되어 있었던 단 하나의 통로인 탯줄을 기억하기 때문이다. 엄마에 대한 아기의 무한 신뢰는 자라면서 가까이하려는 대상의 폭이 넓어지고, 표현 방법이 다양해진다. 손을 마주 잡고, 곁을 내주고, 팔짱을 끼는 것도 믿음을 드러내 보이는 몸짓이다. 믿음이 자라면 포옹, 애무로 이어지면서 밀착의 강도가 더해진다.

밀착의 확장은 손과 팔을 타인에게 내미는 것으로 시작한다. 사람의 팔이 두 개인 것은 이유가 있다. 하나는 남에게 의지하려고 붙잡는데 쓰는 팔이고, 다른 하나는 나에게 도움을 청하는 사람에게 내미는 팔이다. 조물주가 인간을 직립보행 하도록 한 것은 자유로워진 두 팔로 이 두 가지를 잘하도록 하기 위해서이다.

나는 그런 섭리를 잘 따르며 살았던가 돌아본다. 내가 아쉬워 손을 내밀 때는 맡겨 놓은 물건 달라는 듯이 했다. 누가 내 팔짱을 끼려고 할 때, 아무 사심 없이 오직 사랑만으로 부여잡기보다 뿌리친 적이 더 많았다. 그래 놓고는 나중에 후회하고 안타까워하기를 반복했다.

큰집 질부가 이혼을 염두에 두고 별거할 때였다. 어느 날 오후, 전화벨이 울렸다. 계단에서 굴러 앞니가 부딪쳤는데 피가 흐른다면서 아는 치과의사 있느냐고 물었다. 그런 상처는 치과가 아니라 대학병원 응급실에 가야지, 하고는 전화를 끊었다. 둘은 결국 남남이 되어 헤어지고 말았지만, 두고두고 그때 일이 생각난다. 얼마나 급했으면 왕래조차 뜸했던 나에게 연락했을까. 대학까지 나온 그녀가 그런 상처는 치과에서 치료하는 것이 아니라는 것을 정녕 몰랐을까. 오냐 내가 곧 갈게, 하고 병원에 달려가서 위로하고 마무리까지 해주었으면 얼마나 좋았을까. 팔짱을 끼려고 내미는 손을 야멸차게 뿌리친 꼴이 되고 말았다.

정이 뜬 남편한테도 말 못하고 마지못해 전화했더니, 매정한 대답으로 돌려세운 시삼촌이 얼마나 야속하고 또 무안했으랴. 이제 헤어져 떠나고 없으니 만회할 방법도, 미안하다고 말할 기회조차 없다. 다시 만난 들, 한쪽 팔이 아니라 두 팔 벌려 껴안아도 뿌리친 죄를 메꾸지 못할 것 같아 마음이 시리다.

나에게 도움을 청하려고 내민 팔을 붙들지 못한 행동이 비단 그뿐이랴. 가까운 가족부터 친구, 동료들과 부대낀 수많은 시간과 공간 속에서 타인에게 내준 팔은 회초리보다 가늘어졌고, 내가 그들에게 내밀었던 팔은 침팬지의 그것처럼 굵고 커졌다. 남의 팔을 잡은 것은 빠짐없이 기억하면서 뿌리친 것은 감쪽같이 잊어 버렸다. 그러한 몸과 마음의 기형은 날이 갈수록 고질痼疾로 굳어졌고, 한평생을 그렇게 살았다. 눈에 보이는 몸의 불균형은 고치려고 애라도 써보지만, 드러나지 않는 마음의 부조화는 애써 외면하고 살아온 탓이다.

중심이 무너져 불균형이 된 두 팔을 가지런하게 고쳐야겠지만, 남은 시간이 많지 않다. 한쪽 다리를 다쳐 달포 남짓 병상에 누워 지내도 양쪽 다리 굵기가 현저하게 차이가 난다. 그것을 원래대로 회복하려면 갖은 노력을 기울여도 수년이 넘게 걸리지 않던가.

나에게 팔짱을 끼자고 하는 사람도, 내가 팔을 내밀 일도 점점 줄어든다. 남의 손을 잡아 주는 데는 가늘어진 팔이나마 아끼지 말고 내밀고, 나 좋자고 남에게 기대었던 팔은 조금씩 거두어들여야 한다. 균형을 잡아보겠다는 욕심이 과하여 오지랖을 휘날리는 노추老醜는 보이지는 말아야 할 텐데. 사랑의 빚을 한 짐 가득 지고 있자니 어깨가 무지근하다.

나와 반대 방향으로 가는 열차가 플랫폼에 들어온다. 다정한 연인이 열차에 오르는 행복한 뒷모습을 부러움 반, 뉘우침 반으로 바라본다. 나도 누군가와 팔짱을 끼고 어디든지 떠나고 싶다.

—『수필세계』 2024. 봄호

눈물 둑

눈 밑에 지방 덩어리가 밀룽밀룽하다. 딱히 그 때문이라고는 할 수 없겠으나 나이가 더 들어 보이고, 보기에도 아름답지 못하다. 나이 들면 있어야 할 근육은 줄고, 없어도 되는 지방 덩어리만 남아돌아 몸 구석구석에 자리 잡는가 보다. 눈꺼풀도 중력을 이기지 못하고 자꾸 내려오는 바람에 안 그래도 작은 눈이 더 작아 보인다.

가까이 지내는 친구도 둘씩이나 하안검수술이라 일컫는 지방제거 수술을 한 걸 보면, 나이가 들어가면서 용모에 신경을 제법 쓰는가 보다. 나도 예외일 리가 없지만, 딱히 잘 보이고 싶은 사람도 없거니와 검정 안경테가 살짝 가려주는 효과에 힘입어 병원 문을 두드리지 않고 버티고 있다.

라디오에서 눈 밑 지방 덩어리를 눈물 둑이라 한다는 말을 들었다. 그 말뜻을 미루어 짐작하건대, 눈물을 시시때때로 혹은 한꺼번에 다 쏟아지지 않도록 둑을 쌓아 두었다는 뜻이 아닌가 싶다. 농사를 지으려면 저수지를 파고 둑을 쌓는다. 개울에도 보를 지어 물을 가둔다. 큰 강은 물길을 막아 댐을 쌓는다. 강물이든 개울물이든 넘쳐흘러 피해를 주는 것을 막고, 필요할 때 적당히 꺼내 쓰기 위함이다. 이를테면, 눈물 둑이 그런 역할을 한다는 논리이다.

나는 남자는 태어나서 세 번만 울어야 한다고 배웠다. 태어날 때, 부모가 돌아가셨을 때, 나라가 망했을 때이다. 옛날 말이라고 짜장 흘려버릴 말은 아니다. 요즘도 남자가 눈물을 흘리면 추하다거나 오졸 없다는 말을 듣는다. 그래서인지, 눈물을 모아 두는 둑은 대체로 남자들이 많이 달고 있다. 우리 집사람만 봐도 나처럼 두터운 지방 덩어리를 달고 살지 않는다.

남자가 애써 눈물을 감추고 산다고 해서 눈물 흘릴 일이 없다는 말은 아니다. 남자는 무슨 고민이 있어도 여자들과 달리 타인에게 하소연하지 못한다. 예컨대, 부인은 남편이 바람피운다는 말을 친구나 친정엄마에게 털어놓는다. 그러면서 결국에는 눈물 바가지를 쏟는다. 그러나 남자는 아내가 바람피운다는 말을 아무리 허물없이 지내는 사람에게라도 쉽사리 꺼내지 못한다. 그랬다가는 십중팔구 니가 어떻게 했길래, 또는 네가 오죽 못났으면, 이라는 무언의 힐난을 덮어쓸 게 뻔하기 때문이다.

속으로 삼킨 눈물이 넘치지 말라고 둑으로 예비한다는 말에 공감한다. 남자가 걸핏하면 눈물을 흘려서 맹물 같아서는 안 된다. 스스로 눈물을 진하게, 짜게 만들 줄 알아야 한다. 곰삭은 젓갈처럼 진하고 향기가 날 때까지 눈물과 마음을 속으로 곰삭혀야 한다.

혹자或者는 울고 싶을 때 원 없이 울어야 정화(catharsis)가 된다지만, 그 '울고 싶을 때'가 시도 때도 없으면 곤란하다. 울어야 할 때가 있고 울음을 삼키고 참아야 할 때를 알고 조절해야 한다. 정말로 울어야 할 때, 목 놓아 울면서 흘릴 눈물을 저장하라고 눈물 둑을 만들어 두지 않았나.

눈물도 다 같은 게 아니다. 즐겁고 감동적일 때, 감사하며 기도할 때, 슬플 때, 분노할 때 흘리는 눈물마다 성분이 저마다 다르다고 한다. 심지어 맛도 제각각이다. 슬퍼서 흘리는 눈물은 시고, 분노를 참지 못해 흘리는 눈물은 짜고, 기쁨의 눈물은 달다고 한다. 신맛 나는 슬픔의 눈물로 카타르시스를 느끼고, 달콤한 눈물은 기쁨을 곱절로 늘린다. 눈물에는 마음이 함께 녹아 있기 때문이다.

그런데 나이가 드니 눈물이 마를 새가 없다. 드라마 보고도 울고, 트로트 잘 부르는 가수 목소리가 구성지게 꺾여 넘어갈 때도 운다. 아니, 울어서 우는 게 아니라 그냥 눈에서 맹물이 솟는다. 드라마에 나오는 비련의 주인공이 공연히 나인 것만 같고, 구박받는 며느리가 내 며느리와 겹쳐 보여 운다. 노래 가사는 또 어찌 그리 내 이야기 같은지. 옆에 앉은 아내가 볼까 벌떡 일어난다. 화장실 가는 척하며 눈가를 훔친다. 안구건조증이니 뭐니 하지만, 이럴 땐 해당이 안 되는 모양이다.

해 질 녘 황혼을 바라보노라면, 나도 모르게 눈물이 샘물 솟듯 한다. 마음보다 몇 걸음 앞서 울컥 마중을 나온다. 짧은 이별이든 영원한 사별이든 떠나는 사람은 눈물 둑에 슬픔과 기쁨의 추억을 심어 두고 간다. 그 씨앗은 묻혀 있어 보이지 않을 뿐, 빗물에 눈물 섞이듯 없어지는 것이 아니다.

어느 때는 엄마 생각에, 어느 날은 아버지 때문에 운다. 또 다른 날은 먼저 간 딸과 손자가 감추어 두고 떠난 눈물의 씨앗이 개화하고, 만발하여 둑을 무너뜨린다. 기뻤던 추억도 다시 끄집어 내면 눈물범벅이 된다. 어찌 된 셈인지, 생각나는 빈도가 점점 잦아진다. 나이가 들면 온갖 장기의 기능이 약해지듯이 눈물 둑도 제 역할을 못 하는가 보다.

내 눈물 둑 안에 울고 싶을 때 울 수 있는 눈물이 아직 남아 있다는 게 주책인지 다행인지 모르겠다. 아무튼 눈물 둑을 열어 놓고 한참 눈물을 흘리다 보면, 어느새 슬픔에 젖은 삿된 생각이 잦아들고 일상을 되찾게 된다. 내 안에 들어온 감정을 은밀하게 간직했다가 순화하고 재생한다.

눈물 둑의 역할이 이리도 중한데, 보기에 조금 거슬린다고 함부로 칼을 들이댈 일이 아니다. 이참에 '오장 육부' 외에 '눈물 둑' 하나를 추가해도 지나치지 않을 듯싶다.

— 『한국에세이포럼』 2024. 제7호

신륵사의 거북이

　여주 봉미산, 세종대왕이 잠들어 있는 영릉의 원찰이자 용주사의 말사인 신륵사를 찾았다. 사찰은 대부분 깊은 산속에 자리를 잡은 것과 달리, 신륵사는 평지에 터를 잡았다. 눈앞에 남한강이 흐르고 황포돛배가 유유히 떠다니는 게 조금 낯설었다.
　문학기행에 나선 일행들은 삼삼오오 모여 사진을 찍고 관람하느라 분주했다. 강과 인접한 바위 위의 다층 전탑과 강월헌 정자, 나옹선사의 지팡이가 자랐다는 은행나무 가지 사이로 보이는 관음상 조각이 사람들의 발길을 모았다. 나는 지난번 답사 때 요모조모를 살펴본 바 있었기에 오지랖 넓게 아는 체를 해가며 안내를 자처하고 다녔다.
　그러다 지난번 보았던 거북이가 생각났다. 극락보전 벽에 오른쪽부터 뒤를 돌아 좌측에 이르기까지 불교의 도를 찾아가는 과정을 상징적으로 나타낸 심우도를 감상했었다. 그 심우도의 제1도, 발심發心을 나타내는 벽화 왼쪽 윗부분에 내 손바닥 두 개를 합친 크기의 거북이 한 마리가 매달려 있었다. 거북이는 등에 육각형 조각만 뚜렷할 뿐, 옻칠은커녕 흔한 니스칠을 하지도 않은 원목 그대로였다.

진리를 찾아가는 심우도 위의 거북이라, 무언가 심오한 뜻이 있음 직해서 머리를 굴렸다. 우보牛步하는 소에 더하여 느림의 미학을 배로 강조하려고 거북이를 매달았나? 아니면, 절 앞에 흐르는 강물에 방생한 거북이들이 불도를 찾아들라는 서원인가 싶기도 했다.

거북이는 아직도 그 자리에 꼼짝하지 않고 붙어 있었다. 마침, 절에 열심히 다니는 문우가 가까이 다가왔다.

"선생님, 저 거북이는 무슨 뜻일까요?"

손가락으로 가리키는 곳을 따라가던 눈길이 거북이를 발견하고 고개를 갸우뚱거렸다.

"아, 정말 거북이가 있네요."

"저 거북이와 심우도가 무슨 관련이 있을까요?"

"심우도와 거북이가 관계있다는 설화는 들은 적이 없어요. 내가 절 순례를 많이 다녔어도 저 위치에 있는 거북이는 처음 봅니다. 거 참 신기하네."

그리고 서로 얼굴을 마주 보며 고개를 갸우뚱하고 헤어졌다.

극락보전에서 아미타불께 삼배를 올리고 나오는데, 아까 그 문우가 호떡집에 불이라도 난 것처럼 다급하게 달려왔다.

"조 선생, 심우도 옆에 있던 거북이가 왜 거기 있는지 알았어요."

"아니, 그걸 어떻게?"

"종무소에 가서 스님에게 물어봤더니, 극락보전 옆문을 열어놓을라치면, 바람이 불어 자꾸 닫히면서 덜커덕거린다네요. 그래서 거북이를 거기에다 붙여놓고 문을 괸다네요. 허허허."

그런 걸 모르고 철없는 중생은 심우도가 어떻고 느낌의 미학이니 방생입네 어쩌니 하고 왈가왈부했으니, 법당 안의 아미타불께서 들으시고 얼마나 가소로웠을까. 가부좌하고 모아 쥔 손가락으로 딱밤을 맞지 않은 것만 해도 천만다행이 아닐 수 없다.

이소離巢와 귀소歸巢

아파트 베란다에 둥지를 틀었던 새끼 오리들이 이십 층이나 되는 높이에서 과감하게 뛰어내린다. 다행히 119 구조대의 도움으로 가까운 강기슭에 무사히 안착한다. 이제 새끼들은 저들의 세상인 강물에서 어미에게 살아가는 법을 배우고 자랄 때가 되면 독립할 것이다. 그리고 짝을 만나 사랑을 나누고, 알을 낳아 품고 부화 시켜 새끼의 이소를 이끄는 어미가 될 것이다.

인간도 이소를 한다. 다만, 엄마의 품을 떠나는 '자립'의 의미를 어디에다 두고 방점을 찍느냐에 따라 '인간의 이소' 시기에 대한 해석이 분분할 것이다. 젖을 뗄 때, 걸음마 할 때, 숟가락질할 때, 초등학교 입학이나 대학에 들어갈 때, 취직해서 떠날 때, 결혼했을 때, 경제적으로 자립이 가능할 때 등 자식의 손을 놓은 시기는 집집이 환경과 성향에 따라 다르기 때문이다.

이소와 함께 동물은 자기가 살던 집이나 둥지로 되돌아오는 귀소본능歸巢本能도 있다. 꿀벌, 개미, 비둘기, 제비 따위가 대표적인 동물이다. 순환하는 자연이야 말할 것이 있으랴. 밑으로만 흐르던 강물은 바다에 이르러 태양의 열기에 춤추듯 올라와 운무로 머물다가 비가 되어 높은 멧부리를 적시지 않는가.

인간도 자연의 이치를 거스르지 않는다. 바람피우던 남정네가 지게미와 쌀겨로 끼니를 이을 때의 아내(조강지처糟糠之妻)에게 돌아오는 것이나 자식이 부모가 되어보아야 부모 마음을 알게 되는 것도 마음의 귀소가 아니겠는가. 그러고 보니 우리의 일상은 이소와 귀소는 반복이다.

아침에 집을 떠나 생업에 종사하다가 저녁에 돌아오는 것은 하루라는 시간과 머무는 공간의 변화에 따른 이소와 귀소의 반복이라 할 수 있다. 정월 초하루에 새로운 한 해를 시작해서 섣달그믐을 맞이하는 것도 시時와 공空을 아우르는 일 년 단위의 그것이다. 그믐날에 잠시 마음이 들뜰 뿐, 어제와 똑같은 태양이 뜨면 다시 이소하여 일 년 동안 저마다의 노래를 부르다가 돌아온다.

우리는 끝없이 이어진 뫼비우스의 띠 위에서 이소와 귀소를 되풀이하지만, 오선지의 되돌이표처럼 똑같은 멜로디를 반복하는 것은 아니다. 빠르기도 다르고 곡조도 다르다. 해마다 똑같은 노래를 부르면 세상사는 재미가 무에 있으랴. 아무런 변화가 없는 삶을 살다 보면 따분하다 못해 미쳐버리고 말 것이다. 다행히 인간의 이소와 귀소는 가는 길이 다르고 오는 길도 늘 다르다. 그래서 떠날 때는 앞이 보이지 않아 두렵고 되돌아서려면 아쉽다. 그러면서도 똑같은 실수를 연례행사처럼 저지르고 길든다. 오래전에 왔던 것 같은 착각에 빠지는 데자뷔를 겪으면서도 쉬 잊어버린다.

 이소와 귀소를 한 번 겪을 때마다 가치관이 바뀌고 인격이 변한다. 나사못이 한 바퀴 돌 때마다 골만큼 깊어지는 것처럼 연륜年輪이 쌓이는 것이다. 연륜이 많아진다고 무한정 성숙해지는 것이 아니다. 연륜은 어느 시점에 다다르면 나사못이 어느 정도 박히고 나면 헛돌듯이 더 깊이 들어가지 않고 멈춘다. 미래보다 과거가 더 많이 보이게 되면 그때부터 시간과 사건을 집적은 하되, 집착해서는 안 된다. 지나간 시간을 깃털보다 가볍게 내던질 줄 알아야 한다. 다가오는 새로운 시간, 내일을 받아들일 여유를 위해서다.

 오늘이 지나면 그 오늘은 오늘이 아니다. 어느새 내일이라는 놈이 오늘의 의자를 차지하고 있으니 말이다. 오늘로 이름을 바꾼 내일은 어제로 변하고, 하루가 지나면 엊그제가 되어 멀어진다. '내일은 이렇겠지' 하고 어제 생각한 일도 오늘 대부분 바뀌는 것이 세상일이다.* 다만 우리의 눈이 어두워 그것을 보지 못하고, 마음은 닫혀있어 그것을 알지 못한다.

인생은 뫼비우스 띠 위에서 유랑과 정착, 출발과 도착을 무한 반복한다. 우리는 모두 새해 아침에 부푼 희망을 품고 떠나지만, 한 해가 저무는 날에 영광과 보람을 지고 돌아오는가 하면 오욕汚辱을 잔뜩 안고 오기도 한다. 하지만 그것으로 들떠 자만하거나 고개 숙인 채 포기하면 안 된다. 오늘의 끝은 또 다른 내일의 시작으로 이어지기 때문이다. 앞뒤가 연결된 하나의 길은 언젠가 끊어지고 말 테지만, 그것은 사람의 소관이 아니다. 살아있는 동안 타고난 운명이라 여기며 하염없이 걸어갈 따름이다. 그리고 지나간 것은 그리워진다.**

노자는 도를 도라 하면 참된 도가 아니고, 이름을 이름이라 하면 참된 이름이 아니라고 했다(道可道 非常道, 名可名 非常名). 도道는 곧 진리眞理의 다른 이름이다. 그것은 어떤 '모양'이나 '형상'에 있지 않으며, 시간의 연속 선상에도 있지 않다. 그것은 언제나 '지금, 이 순간 바로 여기'에 있다. 평범하기 짝이 없는 오늘의 일상日常에 진리가 있다고 가르친다. 뫼비우스의 띠처럼 같되, 같지 않은 무한 반복은 허용하되 날마다 나사못과 같은 생성적인 삶을 살라 강조한다.

닭은 해거름이 되면 모이 활동을 그치고 횃대에 오른다. 쪼그리고 앉아 주위를 살핀 다음 날갯깃에 모가지를 파묻고 잠이 든다. 명징한 목청으로 내일 새벽을 알리기 위해서다. 나도 새해 아침마다 손톱만큼이라도 더 밝게 깨닫는 개안開眼을 바라며 이소했다. 지혜를 일깨워 여는 개심開心 한 조각을 얻으려고 일 년 열두 달을 호미 한 자루 쥐고 헤맸지만 언제나 빈손으로 귀소했다.

올해도 새로운 이소를 위해 뫼비우스 띠 위에서 들메끈을 고쳐 맨다. 하지만 하늘에 계신 절대자께서는 해마다 소득 없이 풀 방구리 쥐 드나들 듯하고 있는 나를 내려다보며 빙그레 웃고 계실지도 모를 일이다.

* 『류시화의 하이쿠 읽기』중 데이도쿠의 작품 차용
**푸시킨의 시 〈삶이 그대를 속일지라도〉에서 차용

— 『오늘의 수필』 2020. 제5호

조이섭 다섯 번째 수필집

잎새 뜨기

인쇄 2025년 06월 25일
발행 2025년 06월 30일
지은이 조이섭
펴낸곳 도서출판 POSITION
출판등록번호 제 2015-000005 호
주소 41965 대구광역시 중구 남산동 571-3
전화 (053) 242-2213
팩스 (053) 255-5444
전자우편 lsh08900@hanmail.net

값 13,000원
ISBN 979-11-93754-02-3

* 이 책의 판권은 지은이와 도서출판 포지션에 있습니다.
  양측의 서면 동의없이는 무단 전재 및 복제를 금합니다.